Sébastien Moreau

FRANCIS HOLDER

Comment il est devenu le premier boulanger de France

DUNOD

ISBN 2 10 008222 1

À Annabel

Préface

Les 35 heures, les freins administratifs, l'explosion de la bulle Internet ou les tensions internationales n'y ont rien changé : les Français ont plus que jamais soif d'entreprendre.

Les nombreuses créations d'entreprise de ces dernières années – + 230 000 en 2003 – en témoignent. Ils sont nombreux, jeunes et moins jeunes, qui désirent libérer leur énergie pour créer de nouvelles richesses. Et participer à l'aventure économique de leur pays.

Mais, nous le savons tous, l'énergie ne suffit pas. Encore faut-il savoir maîtriser les clés de la réussite : la faculté d'innover, l'art de s'entourer, l'aptitude à transmettre ses visions, la capacité à gérer les échecs… autant de qualités fondamentales que les entrepreneurs doivent acquérir pour mener à bien leurs projets.

La collection « Portraits d'entrepreneurs » a choisi un angle original pour aider les créateurs dans cette voie : leur raconter l'aventure économique de grands entrepreneurs français. À ma connaissance, c'est la première fois que des livres de management offrent ainsi aux lecteurs la possibilité de s'inspirer de modèles.

Il s'agit là d'une initiative très intéressante à laquelle je suis particulièrement sensible. L'image de l'entrepreneur est, en effet, si longtemps restée désincarnée, voire déshumanisée aux yeux de nos concitoyens, qu'il me paraît essentiel de faire connaître le parcours de ces créateurs/bâtisseurs qui se battent pour développer leurs entreprises et préserver ainsi l'emploi dans leur région. Par ailleurs, cette collection apportera, je l'espère, sa contribution à la reconquête d'une opinion publique peu encline à s'intéresser aux entrepreneurs. Alors même que les entreprises sont le moteur de la prospérité du pays.

Je trouve passionnantes les histoires de la réussite des premiers « héros » de cette collection. Sans capital de départ, ils ont su créer, développer et pérenniser leur entreprise. Curieusement, si leur parcours est unique, il s'apparente à celui de n'importe quel entrepreneur d'aujourd'hui. Tous ont rencontré des difficultés, commis des erreurs et su saisir des opportunités. Tous ont ressenti les angoisses du décideur, la solitude du stratège ou l'euphorie du succès. Chacun appréciera la franchise avec laquelle ces chefs d'entreprises et leur entourage relatent ces situations de la vie d'entrepreneur. Nul doute que cette liberté de ton séduira !

Bonne lecture.

Christian Jacob
Ministre délégué aux PME

Table des matières

Chronologie

1953	Apprentissage de Francis Holder dans la boulangerie paternelle
1958	Mort de Julien Holder, père de Francis Holder
1962	Restructuration de la boulangerie familiale
1963	Ouverture de la première succursale Paul à Ronchin
1966	Premières livraisons à la grande distribution : Monoprix, Auchan…
1970	Création d'une première usine de fabrication de pains pour la grande distribution
1972	Restructuration de la boulangerie de Ronchin avec le four à la vue des clients
1987	Lancement de la petite restauration dans les boulangeries
1990	Remontée en culture et réintroduction du blé Camp Rémy
1990	Ouverture du premier Paul en franchise, à Nagoya au Japon
1992	Rachat du salon de thé Ladurée
1993	Apparition des boutiques aux devantures noires
1997	Ouverture du Ladurée Champs-Élysées
1998	Lancement du réseau Saint Preux en franchise
2000	Signature du contrat de partenariat avec Elior
2003	Démarrage de la franchise Paul en France

1 Graines d'entrepreneur

Ses modèles

Lorsque Francis rejoint la boulangerie familiale à quinze ans, son père a quarante-neuf ans. Il ne lui reste que deux années à vivre. Le jeune apprenti est littéralement en admiration devant la force de travail et la rigueur de cet homme dont l'histoire vaut bien celle des *Misérables*. Né d'une famille ukrainienne d'origine juive ayant émigré en Angleterre, Julien Holder est abandonné par ses parents après qu'ils aient le malheur de faire des jumeaux en plus de leurs quatre enfants à nourrir. Placé à l'assistance publique anglaise, il participe à un accord d'échange sur les orphelins et se retrouve en France, dans le Pas-de-Calais. Là, il est élevé, puis exploité par des parents nourriciers qui le mettent au boulot dès ses douze ans, une pratique assez courante dans les campagnes de l'époque. « Cette période a dû être très difficile pour lui car je me souviens l'avoir accompagné pour voir la maison où il avait été élevé. Sa mère nourricière était là mais il n'a même pas voulu lui dire bonjour », raconte Francis Holder, ému et visiblement déterminé à révéler les origines profondes de son histoire.

Devenu boulanger au début des années 1930, Julien Holder épouse Suzanne Mayot en 1935. Elle est fille et petite fille de boulangers. Son grand père, Charlemagne Mayot, a fondé une petite boulangerie en 1889, rue de la Mackellerie, à Croix, près de Lille. Une belle petite affaire que reprend son père, Edmond Mayot, en 1908, avant de l'abandonner une vingtaine d'années plus tard, anéanti par le métier, pour reprendre une entreprise de papeterie. Les jeunes mariés s'installent donc dans une autre boulangerie, rue des Sarrazins, à Lille. C'est là que Francis grandit et découvre le métier.

Avec son frère et ses deux sœurs, il est élevé dans une cellule familiale heureuse, mais complètement débordée par la charge de travail. Son père se lève tous les matins à quatre heures pour fabriquer le pain que sa mère vend la journée. De temps en temps, le week-end surtout, il leur donne un petit coup de main, en boutique ou dans le fournil. Bien que la communication ne soit pas le point fort de la maison, cela ne l'empêche pas, bien au contraire, de percevoir les valeurs qu'irradie son père jour après jour : rigueur, amour du travail bien fait, simplicité et courage. La petite boulangerie se situe au cœur de Wazemmes, ce célèbre quartier lillois qui conserve à l'époque tous ses airs de village. Francis s'émerveille devant le foisonnement des petits commerces : boucher, herboriste, vendeur de cycles… la diversité est à son comble et il se familiarise avec cet univers des marchands. Accompagné de son frère et de ses sœurs, il fréquente beaucoup les enfants des autres commerçants, se promène librement dans le quartier et adore jouer sur la place du marché où son père le rejoint de temps à autre pour une partie de billes.

Malgré sa spontanéité, sa joie de vivre et son évidente ouverture aux autres, Francis ne rêve jamais à son avenir. Contrairement à la plupart des copains de son âge, il est tellement plongé dans l'univers professionnel de ses parents qu'il n'imagine pas pouvoir faire autre chose que boulanger dans la vie. À cinq, dix ou quinze ans, il ne se posera jamais la question de savoir ce qu'il fera plus tard. Pour lui, pas d'équivoque possible : il reprendra le flambeau. De plus en plus épuisés par ce métier qu'ils ne cessent de qualifier « d'épouvantable », ses parents tenteront de l'en dissuader. Rien n'y fera. Francis poursuivra ses cours chez les Frères des écoles chrétiennes jusqu'à quinze ans. Son brevet en poche, il commence « enfin » à travailler à la boulangerie familiale. Sans passe droit, ni favoritisme, il entre en apprentissage, comme les autres. À ce moment, ses parents ont déjà vendu leur boulangerie. Ils travaillent désormais dans une boulangerie pâtisserie qu'ils ont rachetée place de Strasbourg, en plein cœur de Lille. Faute de mieux, et aussi parce que la boutique jouit d'une très bonne réputation, les Holder préfèrent conserver le nom des propriétaires d'origine : Paul.

Les horaires sont hors du commun : douze à quatorze heures par jour, du mardi au dimanche. Le dimanche était considéré comme une petite journée (2 heures – 13 heures !) en raison de la fermeture hebdomadaire qui avait lieu jusqu'au mardi matin. De quinze à vingt-cinq ans, Francis Holder ne va pas voir le jour, et lorsqu'il se met au lit le dimanche après-midi, il a l'impression de rentrer dans une tombe ! Il travaille comme « une bête », mais déjà moins que la génération précédente. Son grand-père, son oncle, son père, tous les membres de sa famille ont commencé à l'âge de quinze ans, parfois douze. Francis les a toujours vus travailler comme des forcenés, jour et nuit. « Mon père serait pris pour un fou furieux aujourd'hui, au temps des 35 heures ! Il travaillait en moyenne seize heures par jour et traitait tout le monde de fainéant ». Francis est au moins aussi « fou furieux » que lui ! Le rythme ne l'empêche pas d'essayer de vivre la vie de ses copains avec lesquels il sort en boîte. Lorsqu'il les quitte sur la piste de danse vers une heure du matin, c'est pour prendre directement le chemin de la boulangerie et commencer sa journée. Une fois sur place, il se déshabille dare-dare, enfile sa tenue de travail et enchaîne sa nuit d'apprentissage !

Le métier est extrêmement dur, mais il garde des souvenirs fabuleux de ces nuits de forçats. « Nous avions une pause à 8 heures du matin. On s'asseyait pendant un quart d'heure, vingt minutes à se délecter du pain tout chaud, de la baguette toute fraîche. Tout le monde prenait le petit-déjeuner ensemble et nous parlions des potins, de ce que les clients avaient raconté dans la journée, des histoires du quartier. On formait un véritable clan. »

En 1958, la mort de son père, victime d'un infarctus à cinquante et un an, précipite sa détermination. Il est traumatisé par cette fin prématurée et violente d'un homme qu'il n'a cessé d'admirer et avec lequel il vient juste de commencer à collaborer. À dix-huit ans, il se retrouve seul avec sa mère pour reprendre l'affaire. Plus jeunes que lui, ses deux sœurs qui avaient elles aussi participé à la vie de la boulangerie ont d'autres velléités. Quant à son frère, il tente d'apprivoiser le fournil, mais l'expérience ne dure pas plus d'une demi-journée ! « Il plane depuis qu'il est né, c'est un rêveur qui aime vivre dans son monde. Nous sommes complètement opposés. » Il n'a pas l'intention de consacrer sa vie entière à un métier aussi dur, un travail qui vient de lui enlever brutalement son père. Il décide donc de se lancer dans une profession très éloignée, aux antipodes : la photo. Curieusement, Francis Holder ne lui en a jamais voulu d'être parti. Au contraire, les deux hommes ont beau avoir mené des vies complètement différentes, ils n'ont jamais cessé de se sentir proches l'un de l'autre. « Si mon frère était resté avec moi, nous serions associés aujourd'hui. »

Encore sous le choc, Francis se jette à corps perdu dans le travail. Il ne se pose pas de question et travaille au maximum de ses capacités, parfois plus de vingt heures par jour. Jamais il ne travaillera autant que durant cette période. Maîtresse femme dans l'âme, sa mère se montre plus exigeante que jamais avec lui. C'est un sacré personnage. Quasi immédiatement après l'enterrement, elle lui déclare : « Allez au boulot, il y a trois bouches à nourrir ! » Il se défonce au travail, mais elle ne s'apitoie jamais sur son sort. Pire, elle le pousse dans ses retranchements. Il reste d'ailleurs marqué par la réaction qu'elle a en 1962, au retour de ses vacances. Francis rentrait tout juste de son service militaire en Algérie et avait passé tout l'été à Lille pour refaire entièrement le magasin. Après avoir demandé de l'aide aux banquiers qui ne lui avaient rien prêté, il était allé chercher des mineurs dans le Pas-de-Calais pour l'aider à reconstruire la boutique qu'il voulait. Le boulanger a fracassé, détruit et explosé ce magnifique établissement, ce petit bijou Art déco, toutes les boiseries en acajou massif, les portes arrondies, les frises en damier des poutres… Il avait réduit en poussières et en gravats ce que tous les amoureux de l'architecture intérieure (lui le premier) qualifieraient aujourd'hui de petite merveille de décoration. « Je travaillais tellement qu'au bout de deux semaines, je n'arrivais même plus à monter les escaliers. Quant à ma petite amie, je n'ai pas eu la force de l'approcher durant tout le mois ! Début septembre, je suis allé chercher ma mère au train. Lorsqu'elle est arrivée devant la nouvelle boutique, elle est restée dehors, plantée devant la vitrine sans dire un mot. Ses premières paroles ont consisté à m'engueuler pour avoir oublié de ranger un ballot de verre qui traînait quelque part ! » raconte Francis Holder. Il s'en amuse aujourd'hui mais reconnaît que la pilule avait été un peu difficile à avaler ce jour-là. Ce genre d'attitude a irrémédiablement forgé le caractère du jeune boulanger. Il a compris que c'était la seule voie possible, le seul moyen d'avancer, de ne pas s'écrouler.

Décédée il y a une quinzaine d'années, sa mère n'aura pas été seule à lui servir de modèle à ce moment-là. Francis trouve rapidement un nouveau guide. Plus âgé que lui, José Guilbert est chef pâtissier dans une pâtisserie située un peu plus loin dans le quartier. Un soir, il se pointe à la boulangerie Paul, rencontre Francis et lui demande s'il a besoin d'un chef pâtissier. La boutique a connu pas mal de déboires avec ses chefs pâtissiers. Le dernier en date était un chef alsacien, « Tellement imbibé d'alcool qu'il en était recouvert de pustules ! Il avait même trouvé le moyen de foutre enceinte Henriette, l'une de nos vendeuses. Heureusement pour elle, elle était très forte et ma mère ne s'est jamais rendue compte de rien ! » Les deux hommes discutent quelques minutes, sympathisent, tombent d'accord et l'embauche a lieu sur le champ. José Guilbert apprend la pâtisserie à Francis, l'aide à parfaire ses techniques de boulanger, expérimente de nouvelles recettes… Surtout, il stimule la confiance et encadre le jeune homme qui commence à se sentir isolé dans le fournil. Les deux artisans ne vont plus se quitter. Ils travailleront ensemble pendant trente-cinq ans !

La volonté du jeune boulanger est d'autant plus forte qu'il souffre d'une forme de discrimination de la part des grandes familles du Nord dont il côtoie les enfants pendant plusieurs années chez les Frères des écoles chrétiennes. S'ils s'entendent bien avec lui à l'intérieur de l'établissement, tous ces enfants d'industriels se montrent hautains, indifférents et parfois désagréables avec le fils du boulanger en dehors de l'école. Passe encore si Francis avait été fils de restaurateur ou de pâtissier, mais là, fils de boulanger, c'est vraiment la honte ! À sept ou huit ans, Francis Holder n'est donc jamais invité aux goûters d'anniversaire de ses camarades, pas plus qu'il n'est convié aux surprises-parties à quatorze ans. Plus tard, lorsqu'il quitte l'école pour entrer en apprentissage et qu'il continue à fréquenter certains de ses copains, il ne sera pas non plus invité chez leurs parents.

Ces vexations et frustrations enfantines lui procurent une réelle volonté de revanche, une soif insatiable d'entreprendre. Ces attitudes n'auront de cesse de l'étonner, même plusieurs dizaines d'années plus tard, lorsque l'entreprise Paul aura émergé. Récemment, une anecdote arrivée à l'un de ses fils l'a encore fait bondir. « Il avait été invité par l'un de ses copains à une soirée dans une grande famille et m'a raconté que la mère se tenait à l'entrée du salon avec le livre des “cent familles du Nord” grand ouvert. Elle interrogeait chacun des nouveaux venus pour vérifier si leur famille était bien répertoriée dans le livre ! »

Apprenti, chef boulanger puis chef d'entreprise, Francis Holder n'a jamais cessé de vouloir se démarquer de ce cercle fermé dont il s'est senti exclu durant son enfance, et dont il se sent encore rejeté aujourd'hui. « Lorsque mon fils a épousé la fille de la famille Pollet (les fondateurs de La Redoute), plusieurs familles du Nord ont fait courir le bruit que le boulanger mettait du beurre sur son pain ! Je leur ai juste rétorqué qu'il y avait des familles qui montaient et des familles qui descendaient. Nous sommes restés copains quand même ! »

Il souffre d'autant plus de cette condescendance qu'il admire au plus haut point les ancêtres de ces familles, de purs entrepreneurs qui ont entièrement construit la région en développant l'industrie textile à la fin du XIXe siècle. Il s'identifie à ces hommes qui ont commencé par être de simples fermiers, travaillant aux champs l'été et tissant dans leurs fermes l'hiver. Ces gens incarnent de fabuleux modèles d'entrepreneurs. C'est pourquoi, vers onze ans, Francis Holder, se prend à rêver qu'il possédera un jour une usine. Ce sera une boulangerie bien sûr, mais une boulangerie industrielle avec une grande cheminée ! Il pourra enfin montrer que l'artisan boulanger a pu réussir encore mieux que les parents de ses copains, en égalant la réussite exceptionnelle de leurs ancêtres, les petits fermiers du XIXe.

Le démantèlement de l'industrie textile a provoqué une profonde modification des comportements des grandes familles du Nord. Le jeune boulanger ne se reconnaît pas dans cette nouvelle attitude. Les maisons extraordinaires construites par les premières générations d'entrepreneurs ont été cassées, restructurées et divisées pour être remplacées par des demeures plus conventionnelles. « La mentalité conquérante et ostentatoire a laissé la place à une façade de la plus grande discrétion, au bord de l'hypocrisie. Il faut être un bon pratiquant, très travailleur et peu dispendieux avec l'argent. Plus on est riche, moins il faut le montrer. » Pourtant, Francis Holder a beau ne pas apprécier cette nouvelle mentalité, il s'en imprègne tout de même. Il grandit avec la hantise du gaspillage, le souci permanent de la discrétion, le besoin de la rationalisation et l'obsession de l'ordre. Il ne peut s'empêcher d'appliquer ces valeurs, de la façon la plus drastique, dans le quotidien de son entreprise. Cette mentalité des industriels du Nord va le suivre partout, sans cesse, dans toutes les étapes du développement de son groupe. Elle se révélera dans les moindres détails de sa vie de manager.

L'amour du produit

Lorsque Francis Holder commence son apprentissage, sa première mission consiste à gérer le grenier à farine, une tâche assez physique puisqu'il s'agit de réceptionner et d'agencer les sacs de farine que livre leur meunier habituel. Pas très costaud mais tonique, le jeune homme se départit sans encombre de son rôle. Une fois les sacs entreposés sur le plancher du grenier, il doit s'assurer de la bonne maturation de la matière première, vérifier que l'huile contenue dans le germe de blé va correctement s'oxyder, c'est-à-dire qu'elle soit bien écrasée dans les meules et répartie dans la farine. Cette maturation qui consiste ni plus ni moins à faire rassir la farine est une règle d'or dans la famille, une tradition ancrée depuis trois générations : l'oxydation donne du goût à la farine. Chez les Holder, on ne remet jamais en doute que tous les produits ont besoin de se détendre avant d'être consommés : le beurre, le fromage et toutes autres denrées de base comme la farine. Francis s'imprègne d'autant plus fortement de ces méthodes qu'il est responsable du grenier et se situe donc au premier stade de la production.

Comme tous les artisans boulangers de l'époque, le père de Francis ne se soucie guère de savoir si le blé provient de telle ou telle région française. C'est le meunier le plus près qui livre la boulangerie. Quant au blé, il provient des champs alentours. Et lorsque la farine ne donne pas entière satisfaction, pas question de recourir aux adjuvants chimiques. Pour améliorer les performances gustatives d'une farine dite « faible », le père de Francis compense par des tours et des fermentations plus longues. « Le résultat final variait très sensiblement selon des petits détails afférant aux matières premières, des subtilités dont bon nombre de professionnels ne se soucient plus aujourd'hui. À force d'importer du blé des quatre coins du monde et de pousser le rendement au maximum, ils ont fini par détériorer la qualité. C'est pour retrouver le goût originel de la farine qu'ils ont dû introduire toutes sortes d'adjuvants et de dérivés chimiques. » Le patron de Paul n'a pas besoin de théoriser des heures sur le sujet. Il suffit de l'écouter parler quelques secondes de la fabrication d'un croissant ou d'une baguette pour comprendre d'emblée que l'approche artisanale est la seule valable en boulangerie. Pour améliorer le goût des croissants, son père n'hésite pas non plus à faire maturer le beurre, de telle sorte que son goût frais se transforme en goût de noisette. « Il ne fallait pas trop pousser la maturation sinon le goût de beurre noisette devenait rance ! Lorsqu'on parvenait à obtenir la maturation adéquate, les pâtes prenaient un goût extraordinaire. Quand nous expliquions cela aux laitiers, ils nous regardaient comme si nous étions des animaux préhistoriques ! »

Les trop nombreuses attitudes productivistes, incompréhensibles et révoltantes qu'il observe pousseront l'artisan à vouloir internaliser et contrôler au maximum toute la chaîne de fabrication du pain, en remontant en culture pour y réintroduire le blé à l'ancienne. Car Francis Holder est un rebelle, un rebelle créatif. À l'instar de nombreux entrepreneurs, il ne cessera de puiser ses inspirations dans ces vieilles recettes traditionnelles. De même, et parfois sans même s'en rendre compte, il ira souvent chercher sa force et son énergie dans ces pratiques artisanales (et parfois surréalistes) d'un père qui, par exemple, lui demandait de sortir au beau milieu de la nuit voir le temps qu'il faisait dehors afin de mettre le four à la bonne température. « Si je lui disais que le vent soufflait de l'est ou du nord, il savait qu'il fallait cuire un peu moins, si je lui indiquais qu'il pleuvait ou qu'il soufflait de l'ouest, il savait qu'il fallait cuire un peu plus ! »

À force d'évoluer dans cette culture de l'anti-sophistication, le jeune homme comprend la raison d'utiliser les matières premières les plus simples. Son père ne cesse de lui répéter : « Un bon pâtissier se démarque par la qualité de son millefeuille, de son éclair et de son moka, bref à toutes les pâtisseries qu'il a réalisées en utilisant les ingrédients les plus simples. » Dès lors, Francis Holder ne cessera de faire la chasse aux produits « tordus », aux recettes alambiquées et autres plats gastronomiques des grands chefs en vogue. « Des cuisiniers dont les œuvres sont si sophistiquées qu'on se sait plus ce qu'il y a dedans ! »

L'apprentissage demeure la base du métier chez les Holder, une règle d'or qui vaut de la même manière pour tout le monde, de génération en génération. Lorsque, après quelques mois passés dans le grenier à farine, Francis intègre les sous sols de la boulangerie, son père lui déclare : « Tu vas commencer par la plonge. Quand tu iras plus vite que le plongeur actuel, tu pourras faire autre chose. » Le message est reçu cinq sur cinq mais il faudra tout de même un an à Francis pour aller plus vite que le plongeur de l'époque ! La plonge est d'autant plus rude que l'évacuation d'eau n'est pas encore installée et qu'il lui faut monter les seaux les uns après les autres pour les vider.

S'il n'a pas encore le privilège d'être en contact direct avec les produits, il apprend à en maîtriser l'environnement, la proximité immédiate. Il se familiarise avec les matières premières, analyse les méthodes et les astuces de son père, observe tous les détails de la fabrication… De temps en temps, lorsqu'il effectue son travail plus rapidement, le jeune apprenti a le droit de fourrer les cerises dans les tartelettes, de placer de la crème dans les fonds ou d'accomplir quelques autres petites bricoles qui sortent de son ordinaire. Mais attention, il ne faut surtout pas toucher aux pâtes, ni aux fonçages (étape qui consiste à creuser la pâte pour faire un fond). « On n'avait le droit à rien ! » Avec le recul, il comprend mieux la portée de cette première année d'apprentissage. Il fallait apprendre la base du métier, l'intégrer et la contrôler entièrement pour aller plus loin. Cette étape est obligatoire dans tout métier artisanal, plus spécialement dans les métiers de bouche. Il partage d'ailleurs cette notion du management avec Paul Bocuse (l'un de ses modèles) : « Tout bon cuisinier doit d'abord passer le bac d'eau chaude et le bac d'eau froide. » « Quand on entrait en apprentissage à quinze ans, on sortait de l'école, on savait lire, écrire, compter et on connaissait tous nos départements français. En résumé, on avait une culture générale qui nous permettait de démarrer n'importe quel métier. On commençait à la base, sans vouloir griller les étapes à tout prix. Aujourd'hui, c'est tout juste si l'on ne fait pas appel à une équipe de nettoyage externe pour nettoyer la boulangerie, c'est aberrant ! »

Sans être hostile au progrès, Francis Holder comprend parfaitement qu'il faut impérativement connaître le produit pour participer, de près ou de loin, à sa commercialisation. Et rien ne vaut le contact direct pour cela, sans outils ni machines. Au moment où il apprend le métier, tous les produits se travaillent de la façon la plus artisanale, à la main. Ni laminoir pour allonger les pâtes, ni balance et encore moins de diviseuse… Des gestes et des automatismes qui n'ont rien de productif au regard de ce qu'une boulangerie industrielle est capable de réaliser aujourd'hui mais qui ont au moins le mérite de permettre au jeune boulanger de « pénétrer » le produit. Cette connaissance intime du pain, de ce qu'il contient, de l'endroit où il va et d'où il vient va constituer la plus grande force de Francis Holder tout au long de son aventure. Une maîtrise totale et artisanale qu'il ne va jamais perdre et sur laquelle va reposer l'essentiel de son management.

2 Naissance d'une entreprise

Prendre le train de la grande distribution

Francis Holder est un instinctif. Il sait identifier la valeur des opportunités qui s'offrent à lui et prendre le train en marche. Il anticipe les virages du marché, les attentes des consommateurs et lorsqu'il emprunte un nouveau chemin, il s'y engouffre à fond et cela sans renier ses valeurs d'origine. Une vraie prouesse aux vues du parcours qu'il réalisera entre les années 1960 et 1990. Ce petit artisan pur cru va devenir l'un des plus grands industriels boulangers français. Puis, il décidera de revenir quelques années plus tard à ses premiers amours : la boulangerie artisanale. Un périple pour le moins difficile à suivre qui exprime parfaitement la personnalité de ce fonceur qui ne s'enferme jamais longtemps dans une mauvaise voie. Lorsqu'il rentre dans le mur, il n'est pas du genre à insister. C'est avant tout un homme qui écoute, ressent ce qui se passe autour de lui et saisit la plus petite occasion pour se sortir d'un mauvais pas. À force de réagir aux difficultés qu'il rencontre, il change naturellement de directions, à plusieurs reprises.

Quand les Nouvelles Galeries s'installent à Lille à côté de sa boulangerie, tous les petits commerçants s'affolent autour de lui. Tous imaginent que le grand magasin va les tuer. De son côté, Francis Holder reste pragmatique. Sans paniquer, il se renseigne simplement pour savoir ce que les Nouvelles Galeries ont l'intention de faire. Vont-elles oui ou non fabriquer du pain ? Si c'est le cas il faudra faire avec, en les considérant comme un nouveau concurrent. Dans le cas contraire, pourquoi ne pas envisager de les prendre comme clients. Il décide d'attaquer le premier. Cette défense par l'attaque est encore la seule et la meilleure tactique qu'il peut jouer à ce moment-là. Un matin, il prend son téléphone et obtient un rendez-vous. Le responsable des achats des Nouvelles Galeries de Lille lui demande de venir le voir avec du pain. Le boulanger fonce et s'exécute. Sans se poser de question, il va au rendez-vous avec son plus beau pain, « un magnifique pain blanc réalisé selon la méthode de la fermentation accentuée ». D'emblée, l'acheteur lui déclare que ce pain contient forcément des trous. Il se trouve que Francis Holder connaît parfaitement son produit puisqu'il l'a lui même fabriqué. Il sait pertinemment que son pain n'a aucun trou. Il ne se démonte pas devant le responsable des achats et lui répond fermement que son pain n'a pas de trous (contrairement aux pratiques actuelles consistant à créer volontairement des trous dans la mie, les boulangers de l'époque ne recherchaient pas cet effet de style et seule la fermentation pouvait provoquer l'apparition de trous). « Il m'a alors tancé comme si j'étais un sacré bluffeur et m'a rétorqué qu'un pain comme le mien contenait forcément des trous. Il m'en a fait le pari et il a décrété que s'il se trompait, il serait d'accord pour l'acheter ! Je me souviendrai toujours de ce pain. C'était un *boulot* du Nord, un pain très long qu'il a coupé sur une grande table. Il n'y avait pas le moindre trou ! » Beau joueur, le responsable des achats accepte donc de prendre Francis Holder comme fournisseur et lui demande, dans la foulée, le montant de sa remise. Le boulanger qui travaille seul avec sa mère et son chef boulanger n'a aucune idée des pratiques de la grande distribution naissante. Il n'a jamais entendu parler des remises, ces fameuses ristournes qui vont devenir la règle d'or de ce nouveau genre de commerce. Il ne sait pas quoi répondre. Heureusement que l'acheteur des Nouvelles Galeries en a vu d'autres ! Il fixe lui même le taux : ce sera 11 %. Après quelques semaines passées à tenter de fabriquer le pain dans sa propre boulangerie, Francis Holder se rend vite compte qu'il va lui falloir s'organiser autrement, trouver un autre site de production et créer une société. Il la baptise Moulin Bleu.

Quelques mois plus tard, Francis Holder va voir son voisin Gérard Mulliez qui a monté son premier supermarché dans une ancienne usine désaffectée. Le distributeur a choisi de s'implanter dans la banlieue de Roubaix, dans le quartier des Hauts-Champs. La démarche commerciale du boulanger s'effectue toujours de la même manière : simple, directe et rapide. Le courant passe d'autant plus vite avec Gérard Mulliez qu'il connaît cet homme du Nord et admire sincèrement sa famille. Francis Holder devient donc le premier boulanger de l'enseigne Auchan. Il effectue la livraison des pains qu'il entrepose pendant que Gérard Mulliez range ses boîtes de conserve dans les rayons. Depuis ce premier magasin ouvert en 1961, Auchan fera lui aussi un bon bout de chemin. Le supermarché ne cessera de se développer, au point de devenir l'un des plus grands groupes de distribution du monde. L'enseigne présente dans douze pays rassemble aujourd'hui 160 000 collaborateurs.

L'étape vraiment déterminante survient lorsque Francis Holder reçoit le coup de fil d'un responsable achat des magasins Flash Croisé, un réseau de supermarchés (plus tard racheté par Super M, groupe Monoprix). Une nouvelle fois, la rencontre est insolite. « Je suis allé le voir dans son magasin et je suis tombé par hasard sur un type que je connaissais de vue parce qu'il habitait dans la même barre HLM que moi, à la Madeleine. Comme on partait très tôt le matin tous les deux, on avait pris l'habitude de se croiser. Je l'ai salué puis il m'a demandé ce que je faisais ici. Je lui ai dit que j'avais rendez-vous avec un certain Monsieur Guigneret. Il m'a souri, m'a demandé si j'étais bien le boulanger et m'a avoué être Monsieur Guigneret ! » Les deux hommes sympathisent immédiatement et, à son tour, Flash Croisé devient client de Francis Holder. Satisfait de la qualité du pain qu'il reçoit, le responsable des achats du magasin met logiquement le boulanger en contact avec les six autres magasins du réseau dans le secteur. Le rythme de production est intense et il a de plus en plus de mal à suivre. Les choses se compliquent encore plus lorsque le groupe Monoprix entre dans la danse, le jour où il reçoit le coup de fil d'un type énervé qui lui demande s'il a déjà entendu parler de la SCA. Cet interlocuteur est scandalisé que Francis Holder livre du pain à des magasins Monoprix sans être passé par la centrale d'achat. « J'ai cru qu'il allait devenir fou lorsque je lui ai demandé ce que c'était qu'une centrale d'achat ! » Avec sa femme, il monte donc à Paris, une vraie aventure à l'époque. Une fois arrivé au siège social du distributeur, il découvre, « dans toute sa splendeur », l'acheteur du groupe Monoprix. « Il m'a passé un savon dont je me souviens encore. » Finalement, les deux hommes s'entendent sur le mode des livraisons. En sortant du rendez-vous, l'entrepreneur lillois ne sait plus trop quoi penser. D'un côté, il est soulagé d'avoir pu conclure l'affaire de sa vie. D'un autre côté, le voilà devenu le fournisseur officiel de Monoprix. L'enjeu est énorme, la charge de travail est colossale. Sa boulangerie industrielle qui ne rassemble pas plus de deux ou trois camionnettes et quelques dizaines d'employés va devoir passer la vitesse supérieure. Il va falloir embaucher à tour de bras, et surtout, s'organiser. Quelques moments délicats se profilent à l'horizon… Malgré toutes les épreuves que le boulanger va rencontrer durant cette période, il parviendra à sauvegarder l'essentiel : ses clients. Monoprix qu'il a commencé à livrer en 1968 fait partie de ceux là. Le groupe s'approvisionne toujours chez Moulin Bleu aujourd'hui.

Toujours très élégant (même revêtu de sa blouse blanche de boulanger !), Francis Holder est un personnage excessivement nerveux. Et quand il faut y aller, il y va. Sans se poser la moindre question. Lorsque sa petite boulangerie industrielle doit faire face à l'afflux des commandes, il ne cherche pas à analyser le travail ou à le rationaliser. Pas plus qu'il n'essaye de s'entourer d'un directeur commercial ou d'un responsable du développement pour l'aider à y voir plus clair, à le décharger de la quantité astronomique de travail à accomplir. Il travaille plus, dort moins : une solution plus simple, plus radicale aussi. Et puis, de toutes manières, quand bien même aurait-il l'idée de trouver un suppléant, il n'aurait pas le temps de le chercher. « L'un de mes amis polytechniciens m'a avoué un jour la chance que j'avais de ne pas avoir fait de grandes études. Pour lui, les études peuvent devenir une vraie chape de plomb qui vous enserre la cervelle. Il me racontait qu'à chaque fois qu'il devait faire quelque chose, il analysait tellement les problèmes dans leurs moindres détails qu'au bout du compte il ne faisait jamais un pas ! » À l'époque de ses débuts dans l'industrie, Francis Holder avance donc à l'inconscience. Il va rencontrer difficultés sur difficultés et trébuchera à maintes et maintes reprises. À chaque fois, il encaissera les problèmes, le plus souvent sans les avoir vus venir, et il parviendra à les régler, avec plus ou moins de succès. La recette de sa réussite sur ces cinq premières années est simple et ne se réfère à aucune théorie manageriale. Elle se résume en trois mots : courage, volonté et inconscience.

Francis Holder a tout de même hérité du bon sens de son père. Grâce aux rudiments d'études qu'il a suivies jusqu'à son certificat, il peut se servir de ses bases scolaires. Si personne ne lui appris ce qu'était une remise, il sait tout même faire un compte. Durant ces quelques années de rodage, il s'occupe donc lui même de tenir les comptes de ses approvisionnements. Il note scrupuleusement sur des petites fiches les dates, les quantités et les prix afférant aux achats de farine, de beurre ou de sel… et range soigneusement ses notes dans une petite boîte en bois. « Je l'ai gardé très longtemps mais elle s'est perdue dans la bagarre, je ne sais plus où elle est passée. »

Il fait tout, il est partout. La nuit, il supervise la préparation des produits et la cuisson des pains, monte sur le quai pour surveiller les livraisons dans les camions. Le jour, il assure la réception de la farine, se transforme en VRP et prend sa voiture pour prospecter de nouveaux clients : des acheteurs de supermarchés, des patrons de restaurants ou des responsables de collectivités. Mis à part le courrier, la comptabilité, la gestion du personnel et toutes sortes de tâches administratives qu'il ne surveille que d'un œil, il s'implique dans tous les rouages productifs de l'entreprise. Il est omniprésent, voire omnipotent. Il est vrai que l'organisation de sa boulangerie industrielle est encore réduite. « Toutes les décisions concernant les produits et ce que l'on pourrait appeler aujourd'hui le marketing se prenaient au jour le jour, de la façon la plus empirique qui soit. Ce n'est pas compliqué : tout le monde s'adressait à tout le monde ! » Évidemment, l'entreprise ne compte aucun universitaire diplômé. Ces derniers ne sont pas du tout motivés pour venir travailler dans une organisation pareille ! On est très loin du management actuel… Dans cette structure réunissant une centaine de personnes, il n'existe aucun intermédiaire entre Francis Holder et tous ceux qui produisent. Les chefs de service, les responsables de département et autres directeurs de division n'existent pas encore. Les chefs de ligne, les responsables d'atelier, les responsables d'usine ou le directeur industriel ne sont pas là non plus. Pour l'instant, c'est Francis Holder qui assume leurs rôles, et enchaîne nuit blanche sur nuit blanche. Notamment lorsque son chef de quai l'appelle quatre fois par nuit au moindre problème : il peut s'agir de trois chauffeurs qui manquent à l'appel ou bien d'une cargaison de pain qui a disparu, etc. L'entrepreneur règle les problèmes lui même, sur place. « Aujourd'hui, j'observe comment certains jeunes s'installent. C'est très instructif ! Dès qu'ils ont deux magasins, ils ont déjà nommé un responsable des magasins, un directeur commercial, un machin, un truc…

Cela veut dire quoi ? Je ne sais pas s'ils vont pouvoir aller très loin dans ces conditions. C'est pourtant simple. Pour s'en sortir, il n'y a pas 36 solutions : on s'installe, on fait tout, et on bosse ! »

Il est plus facile de s'imposer lorsqu'on dispose de grandes ressources physiques. Francis Holder est un battant, au sens propre du terme, un grand nerveux qui a besoin de canaliser son énergie. C'est pour cette raison qu'il pratique le sport à haute dose (pas suffisamment peut être !). Il fait plus de sept heures de sport par semaine : de la course à pied bien sûr (trois séances d'environ une heure trente), de la gymnastique (quatre séances) et de la natation. L'âge avançant, il a appris à prendre très au sérieux ces moments de détente. « J'ai fini par organiser mes séances de sport exactement de la même manière que mes rendez-vous professionnels. » Résultat : un cœur impeccable, battant à 42 pulsations minute, un rythme digne d'un marathonien. Début 1970, il faut bien de telles aptitudes physiques pour tenir seul une usine qui compte désormais deux cents personnes. Des employés dont les profils diffèrent complètement les uns des autres. Outre le personnel administratif qui se réduit à une demi-douzaine de personnes, dont l'épouse de Francis Holder, l'usine emploie des boulangers, des pâtissiers, des coupeurs de pain, des expéditeurs et des chauffeurs livreurs. L'entreprise doit aussi gérer des flottes de camions. « On pratiquait aussi de la vente en porte-à-porte, dans les campagnes. »

Heureusement, il peut compter sur le soutien de quelques boulangers et pâtissiers « étonnants », d'authentiques artisans, souvent plus âgés que lui, qui le rassurent et sur lesquels le jeune entrepreneur n'hésite pas à s'appuyer lorsqu'il se sent flancher. Il y a notamment le « père François », un boulanger qui n'a besoin ni de balance ni de thermomètre pour préparer la pâte. En y repensant aujourd'hui, Francis Holder est encore plus bluffé par le professionnalisme de ce boulanger. « Il ne prenait pas la température de l'eau qu'il versait dans les pétrissages. Il lui suffisait de plonger sa main dedans. Il n'avait pas non plus besoin de peser sa pâte, et parvenait à en déterminer le poids à l'œil. En plus, il ne se trompait jamais. Il nous demandait d'aller voir si la pâte avait les fesses rondes, d'aller lui taper dessus pour voir comment elle réagissait. C'est vrai qu'il faut considérer la pâte comme une matière vivante. Elle pousse, évolue, fermente… On vivait vraiment le métier à cette époque ! L'approche était beaucoup moins mathématique qu'aujourd'hui. Des boulangers comme le père François étaient des professionnels fabuleux, qui possédaient la compétence absolue. »

Pendant qu'il dépense son temps à courir en tous sens pour développer son usine, Francis Holder oublie complètement sa boulangerie familiale de la place de Strasbourg. Il laisse à sa mère le soin de faire tourner la petite affaire. Le petit entrepreneur est dans l'impossibilité de se consacrer aux deux entreprises en même temps. Son « esprit industriel » en pleine ébullition se conjugue mal avec la culture 100 % artisanale de sa petite boulangerie de quartier. Le pain industriel qui sort de ses usines n'a rien à voir avec celui qui est fabriqué dans sa boulangerie. Il n'a pas encore assez de recul pour maîtriser ces deux dimensions du métier : il risquerait de sombrer dans la schizophrénie s'il devait s'impliquer dans les deux affaires. Il est bien trop concentré sur ses grandes surfaces à livrer, ses process de fabrication ou ses approvisionnements en farine pour imaginer une seule seconde qu'il réalisera pourtant l'impossible dans une vingtaine d'années : devenir un artisan avec un « esprit industriel ».

Dures réalités industrielles et retour à l'artisanal

On ne s'improvise pas industriel ! Apprenti devenu artisan boulanger, Francis Holder s'est laissé entraîné dans la course industrielle sans vraiment le décider. Il est allé au-devant de la demande par réflexe d'autodéfense. Maintenant que les commandes affluent de toutes parts, il tente de suivre le mouvement. Artisan dans l'âme, il a beau donner le maximum de son énergie, il ne peut pas tout comprendre, tout anticiper. Et plus l'affaire industrielle se développe, plus ses erreurs lui paraissent lourdes. « On était devenu des industriels avec une mentalité d'artisan, ce qui est dramatique. Aujourd'hui, on est devenu des artisans avec une mentalité d'industriel, c'est-à-dire que l'on sait rationaliser la production par rapport au temps passé. Si j'avais commis toutes mes erreurs dans le contexte actuel, j'aurais été dégommé en un temps trois mouvements ! »

À la fin des années 1960, Francis Holder ne parvient pas à assurer la transition du microcosme artisanal à l'univers industriel, d'un métier intuitif sans visibilité à long terme à un métier industriel « froid, mathématique et planifié ». C'est pour cette raison qu'il se trompe dans le choix de ses premiers établissements. Son premier atelier à Ronchin s'étend sur 200 m^2. Comparé au petit fournil de la boulangerie place de Strasbourg, cet endroit lui paraît gigantesque, démesuré. Il est d'autant plus content de son acquisition qu'il a eu du mal à l'avoir. « Cet endroit appartenait à de vieux boulangers que j'étais allé voir pour qu'ils me le cèdent. Ils m'avaient foutu dehors ! Six mois après, ils sont tombés malades et m'ont rappelé. » Une fois installé, Francis Holder se dit qu'il va pouvoir travailler là jusqu'à la fin de ses jours. « Trois mois après, on était plein comme un œuf ! » Il déménage à Lambersart, un établissement de 700 m^2. Une fois de plus, il pense avoir trouvé l'endroit rêvé pour travailler jusqu'à sa retraite. Moins de trois mois après, il se retrouve avec ses installateurs à devoir emballer les pains à l'extérieur de l'usine, dans la cour.

Fatigué de ces déménagements à répétition, il décide donc d'opter pour une solution extrême. Il s'installe sur une surface de 3 500 m^2, une ancienne usine de lin à la Madeleine, rue de l'Abbé Lemire (à quelques encablures de l'actuelle adresse de la société). Là, il effectue son premier vrai faux pas. Cet endroit est beaucoup trop grand. Pire, la boulangerie se situe au premier étage et les apprentis doivent emprunter une petite échelle pour descendre les pains dans des paniers. Les bureaux se trouvent entre le rez-de-chaussée et le premier étage, dans une espèce de mezzanine. Il y a aussi un quai de cinquante mètres de long, une aberration puisque les employés doivent effectuer un très grand nombre de pas inutiles. Du coup, l'équipe doit concentrer de trop nombreux produits à l'étage. « Quand on travaille dans l'artisanat dans des ateliers minuscules avec du personnel qui se déplace très peu et que l'on passe à une production industrielle, mal prévue, mal conçue où le personnel est obligé de remplacer un pas par cinquante parce que la taille de l'établissement l'impose, cela pose un gros problème. Un pas par rapport à cinquante, c'est une minute de perdue multipliée par le nombre de déplacements de l'ouvrier, multipliée par le nombre d'ouvriers concernés, etc. Cette différence finit par peser sur la productivité, dans les comptes d'exploitation. »

Le souvenir de cette grosse erreur de l'apprenti industriel l'amuse tout de même aujourd'hui. Il doit d'ailleurs se demander dans quelle mesure il n'a pas rêvé ces énormes bourdes tant il maîtrise désormais les process de production de ses usines. « On travaille en ligne aujourd'hui. La matière première arrive à tel endroit et ressort à tel autre. C'est la marche en avant. Tout a été prévu pour économiser des pas. C'est la base du travail industriel. » Pas pour l'équipe des années 1970 qui n'a même pas le temps ni les moyens d'installer un escalier pour monter à la mezzanine. L'inspecteur du travail ne manquera pas de relever ce manquement grave ! Comme Mireille Delamonica, la première secrétaire de Francis Holder (aujourd'hui à la retraite) qui se souvient de ses frayeurs à gravir « cette maudite échelle ». « Elle nous demandait sans cesse de nous placer sous l'échelle pour amortir sa chute au cas où... », se rappelle Francis Holder.

Francis Holder rencontre une multitude d'ennuis, et en découvre chaque jour un nouveau. Son beau-père qui lui a permis d'acquérir cet endroit se sent un peu responsable et lui propose de l'aider, notamment dans ses démarches auprès des banques. Un jour qu'ils se rendent ensemble à un rendez-vous au Crédit Agricole du Nord-Pas-de-Calais, le banquier jette un coup d'œil aux comptes de la société et déclare à son beau-père : « Monsieur, vous ne devriez rien prêter pour une affaire pareille, même à votre fils ! » Francis Holder ressort du rendez-vous dépité, mais aussi regonflé à bloc. Comme d'habitude, il décide de se débrouiller tout seul. Si son erreur est grossière, elle est également simple à résoudre. Il va tâcher de remédier tout seul à son problème d'organisation en adaptant lui même ses process aux nouvelles dimensions de l'usine.

Autre erreur, le prix de revient. D'entrée de jeu, il oublie de fixer un prix de revient pour Moulin Bleu. Il ne s'impose pas cette fameuse ligne rouge à ne franchir sous aucun prétexte. Résultat, il va livrer ses marges à la merci des grands distributeurs. Ces derniers dont le pouvoir s'affermit d'années en années commencent à imposer des remises surréalistes. Ces rabais excessifs ne vont pas seulement étouffer l'usine du boulanger mais de nombreux autres fournisseurs de la région. Des 11 % du début, les remises dépassent rapidement les 20 %, puis les 30 % et atteignent les 40 %, voire les 45 %. Quelques années d'un tel traitement suffisent à rendre Moulin Bleu complètement exsangue. Francis Holder ne garde pas que des bons souvenirs de cette grande distribution trop consciente de son pouvoir, prétentieuse, dominatrice et tellement persuadée du rôle crucial qu'elle allait jouer dans les années à venir. Il va d'ailleurs perdre quelques plumes dans ces négociations. « À l'époque, les directeurs des centrales avaient une bonne technique, qui marchait plutôt bien. Cela consistait à faire poireauter les représentants dans les salles d'attente pour les mettre un peu plus mal à l'aise. Aujourd'hui, inutile de préciser que c'est le contraire. Nous sommes reçus à la minute près. »

La boulangerie industrielle ne se contente pas de livrer du pain aux supermarchés, elle doit aussi s'occuper de reprendre les invendus. La situation paraît complètement aberrante au regard des pratiques de livraison actuelle. Les livreurs de Francis Holder doivent en effet reprendre le pain rassis tous les soirs, le charger dans leur camion et revenir à l'usine avec leur cargaison à demi remplie ! L'entrepreneur ne supporte plus ce diktat des grandes surfaces et s'énerve auprès des directeurs des centrales d'achat. « Je leur ai tout simplement fait remarquer qu'ils n'imposaient pas aux autres fournisseurs de reprendre leurs fruits, leurs légumes, leurs poulets ou leurs saucissons. Puis, je leur ai déclaré que je ne reprendrais plus mes pains, qu'ils n'avaient qu'à se débrouiller avec… Ils se moquaient éperdument de ce que je pouvais bien leur raconter ! » Ces innombrables retours de marchandises contribuent à plomber encore plus la rentabilité de Moulin Bleu. Sans compter que l'industriel qui livre tout de même les commerces dans un rayon de soixante kilomètres sur un axe Arras-Valenciennes perd un temps faramineux pour récupérer tous ses invendus. La situation est d'autant plus absurde qu'il a suffi qu'un seul boulanger accepte de venir rechercher ses invendus pour que les distributeurs imposent cette règle à tous les boulangers du coin. Seule consolation, le courant passe mieux avec Gérard Mulliez, la « vieille » connaissance du boulanger. Le jeune patron d'Auchan se montre plus compréhensif et fini par accepter de prendre à sa charge l'intégralité des commandes, c'est-à-dire de garder les invendus.

Ses collaborateurs vont énormément le soutenir durant cette période. D'ailleurs, les quelques personnes qui ont eu le « loisir » de travailler à ses côtés durant ces années difficiles s'en souviendront jusqu'à la fin de leurs jours ! Arrivée début 1970 en pleine débâcle industrielle, Mireille Delamonica a sans doute vécu les moments les plus forts de son existence aux côtés du jeune patron. Elle le rejoint pour devenir sa secrétaire personnelle, au moment où il se bat comme un lion pour maintenir son activité hors d'eau. Les difficultés financières sont telles que Francis Holder doit transformer certaines parties de son usine et les aménager en parkings qu'il loue au mois. « L'ambiance était très tendue, il criait sans cesse. J'en ai versé des larmes à cette époque ! » se souvient la secrétaire de direction. Ces difficiles conditions de travail ne l'empêcheront pas de convertir son mi-temps en plein temps et de rester treize années aux côtés de l'entrepreneur ! Comme la plupart de ces collaborateurs de la première heure, elle s'attache au patron, prend son parti, le défend sans cesse contre toutes sortes d'agressions extérieures. En compagnie de ses quatre collègues de la division administrative (le responsable du personnel, la sténo-dactylo, la préposée au courrier et la comptable), elle partage les combats du boulanger qui s'échine à contrôler la bonne fabrication de son pain, règle lui-même les problèmes d'approvisionnement, organise les tournées de ses camionnettes (dont l'aspect extérieur laisse de plus en plus à désirer), négocie âprement les marges avec les distributeurs… Comme les autres, elle défend cet homme qu'elle estime pour sa volonté et son courage. « Il avait du mérite en définitive. Et puis, c'était le patron. À cette époque, surtout dans notre région, le patron était quelqu'un que l'on respectait.

Le jeune entrepreneur peut compter sur d'autres soutiens en dehors de son travail. Son impulsivité et cet humour aiguisé qui frôle souvent l'impertinence lui permettent de se faire pas mal d'amis. D'autant que le patron sait se montrer grand charmeur, spécialement lorsqu'il abandonne ses yeux couleur acier pour son regard bleu azur d'une douceur enfantine. Celui qui devient l'un de ses meilleurs copains n'est autre que son concurrent direct ! D'origine parisienne, Jean-Luc Bret est venu dans le nord pour développer une boulangerie industrielle importante : l'Indépendante. « Il s'agissait de la première boulangerie industrielle à se libérer d'une emprise syndicale particulièrement excessive dans le métier à cette époque », se rappelle celui qui, depuis, a créé et développé La Croissanterie, la première chaîne de viennoiserie européenne (plus de 100 000 clients par jour). Une fois encore, c'est Francis Holder qui provoque le destin. Le lieu se prête plutôt mal à une rencontre : une station service de l'autoroute du Nord. Jean-Luc Bret se souvient de cette prise de contact qui remonte à trente ans comme si elle avait eu lieu hier. « J'étais tranquillement en train de faire le plein lorsqu'un fou furieux m'a bondi dessus en me demandant si j'étais bien le responsable de l'Indépendante. Après quoi, il m'a regardé d'un air agressif et m'a déclaré quelque chose dans le genre : “Une fois que vous roulerez sur l'autoroute, je vous conseille de bien regarder dans votre rétroviseur au cas où quelqu'un veuille vous rentrer dedans, on ne sait jamais !" Le lendemain matin, il m'a appelé au bureau pour s'excuser de sa causticité un peu brutale et nous avons sympathisé. »

Les deux hommes se livrent une guerre sans merci pour gagner des parts de marché. Ils prospectent exactement les mêmes clients, les supermarchés, les chaînes hôtelières mais aussi les collectivités (hôpitaux, prisons...), secteurs où Jean-Luc Bret se révèle posséder une certaine avance sur son copain. En fait, ils s'amusent davantage qu'ils ne se livrent une réelle bataille acharnée : pas de coups bas, ni d'embrouilles entre les deux jeunes gens. D'ailleurs, leur affrontement ne dure que le temps de la journée. Le soir, les deux « commerciaux » se retrouvent autour d'un verre dans un bar lillois. Ils ont vite fait de compter leurs points respectifs pour passer à autre chose et avoir des conversations normales de deux jeunes hommes de vingt-cinq et vingt-huit ans. Ils sont tous deux très différents. Calme, pragmatique et raisonné, Jean-Luc Bret a le profil d'un gestionnaire. Passionné, impulsif et rêveur, Francis Holder a l'esprit d'un aventurier visionnaire. Ultra sensible, il a l'art de sentir l'air du temps. En revanche, la gestion demeure son gros point faible. « Il avait tout de même des circonstances atténuantes. Le contexte économique était vraiment rude au début des années 1970. Les prix du pain étaient bloqués, les marges ne cessaient de se réduire, bref les hyper nous laminaient ! » Tous deux vont s'épauler, se compléter. C'est à peu près en même temps qu'ils feront le constat que leur secteur ne peut pas être rentable, que le métier de la boulangerie industrielle n'est pas viable, qu'il faut l'abandonner.

Enfin, l'appui le plus important que Francis Holder reçoit durant ces années vient naturellement de la personne la plus proche de lui : sa femme. Françoise Holder est très présente dans l'entreprise, sa formation de juriste lui permet de rendre de nombreux services au boulanger. Tout en élevant ses enfants, elle parvient à venir quasiment tous les jours à l'usine. Son aide ne pourra jamais être quantifiée : seul Francis Holder et certains de ses proches collaborateurs de l'époque savent réellement l'importance du rôle joué par Françoise Holder durant ces années difficiles. Sa personnalité se situe aux antipodes de celle de son mari. C'est justement cette attitude posée, sérieuse et dénuée d'enthousiasme (d'après son mari !) qui a le don d'exaspérer le boulanger. Il s'énerve sans cesse de la voir remettre en question le bien fondé de ses projets, de ses investissements, de ses diversifications, de ses idées d'extension. Il est vrai qu'elle a fortement tendance à le freiner dans ses projets. Mais n'a-t-elle pas raison ? « Francis était du genre à partir un jour à gauche, l'autre à droite. Il avait des idées nouvelles quasiment tout le temps. Il lui fallait un garde fou, un censeur en quelque sorte », rappelle Jean-Luc Bret.

Françoise Holder développe également quelques qualités que son mari ne possède pas encore auprès des salariés de

Moulin Bleu. Elle sait faire preuve d'impartialité, voire de dureté, quand il le faut. « Monsieur Holder criait beaucoup, faisait peur à tout le monde, mais au fond il manquait de fermeté. Je me souviens très bien d'une année où il fallait absolument licencier un employé. L'équilibre de la société en dépendait tant le comportement de cette personne nuisait aux affaires quotidiennes. Monsieur Holder n'a pas cessé de le menacer, de lui hurler dessus, rien n'y faisait, il n'a jamais osé prendre la décision finale. C'est Madame Holder qui l'a prise. Dans le calme et la sérénité », se souvient Mireille Delamonica. Enfin, Françoise Holder a sans doute davantage le sens de l'argent que son mari, tout du moins dans les années 1970 et au début des années 1980. Née Mortier, une famille de la bourgeoisie nordiste, la jeune femme calme les pulsions d'investissements de son mari. Elle n'hésite pas à entrer en conflit avec lui pour faire barrage à ses rêves. Inutile de préciser que le fougueux entrepreneur n'apprécie guère. Jean-Luc Bret qui connaît très bien le couple depuis longtemps va plus loin. Pour lui, l'entrepreneur n'aurait jamais pu s'en sortir et parvenir à développer Paul de la sorte sans le rôle joué par sa femme. « Il aurait été capable d'investir en un ou deux mois les sommes à investir sur une année ! » confie-t-il. N'en déplaise à Francis Holder, sa femme va compter plus que n'importe quelle autre personne dans cette carrière naissante. Elle va l'aider à prendre les bonnes décisions au bon moment, à le motiver à s'engager dans des choix délicats, bref à réussir le développement de son entreprise.

Dans ce contexte difficile du début des années 1970, l'entrepreneur n'a pas encore la moindre vision des boulangeries Paul. Il ne possède pas d'horizon à long terme. À peine a-t-il les moyens d'entrevoir son activité au mois le mois. Ce sont les pratiques de plus en plus dures de la grande distribution, mais aussi la succession de ses propres erreurs qui vont le conduire à imaginer autre chose. Ce n'est donc ni une illumination, ni un déclic qui l'entraîne à se reconvertir dans la boulangerie artisanale, mais bel et bien les difficultés à gagner de l'argent. Heureusement qu'il ne lui est jamais venu à l'esprit de se débarrasser du magasin familial ! Lorsqu'il constatera le succès de sa boulangerie qu'il va restructurer, il en ouvrira une deuxième sur le même modèle, puis une troisième, et ainsi de suite. Il va changer son fusil d'épaule en répétant sans cesse : « Développons l'artisanat, développons la boulangerie artisanale en chaîne de magasin. »

Pendant qu'il se consacrera au développement de ses boulangeries, il abandonnera progressivement cette usine de la Madeleine qui lui a donné tant de soucis. Il la laissera en sommeil, sans la développer. Entre-temps, les 200 employés de l'usine auront été maintenus et Francis Holder aura pris le temps de remettre à plat tous les process industriels défectueux (déplacements inutiles, inadéquation des timings de travail, retards d'approvisionnement…). Il aura également pris soin de procéder à une ré-ingénierie commerciale complète. « Cette réorganisation ne visait pas à développer l'usine mais seulement à conserver les clients existants. Il s'agissait de gérer notre portefeuille clients, un point c'est tout. On produisait tout de même 4 000 à 5 000 quintaux par mois. À titre de comparaison, une bonne boulangerie de quartier réalise entre quarante et soixante quintaux par mois. » Francis Holder n'investira donc pas un centime de plus dans Moulin Bleu pendant des dizaines d'années. Malgré tout, l'affaire deviendra rentable et s'imposera sur le marché en devenant la troisième boulangerie industrielle française. Pendant des dizaines d'années, l'usine continuera à livrer la grande distribution, sans le moindre changement de rythme. Bien sûr, quelques nouveaux clients viendront étoffer les carnets de commande, sans grande répercussion sur les structures de l'entreprise. Ce sommeil industriel durera près de trente ans, jusqu'à ce que le succès de Paul devienne tel que Francis Holder envisage enfin de réveiller son usine…

RÉALISER UNE ÉTUDE DE MARCHÉ

Les grandes étapes d'une étude de marché en phase de création d'activité.

Objectifs d'une étude de marché : « respirer les conditions d'environnement », comprendre le fonctionnement du marché visé, écouter les futurs clients, fournir des informations essentielles sur leurs besoins et motivations dans le but d'orienter les actions stratégiques de positionnement et de lancement et contribuer, *in fine*, aux chances de succès du projet.

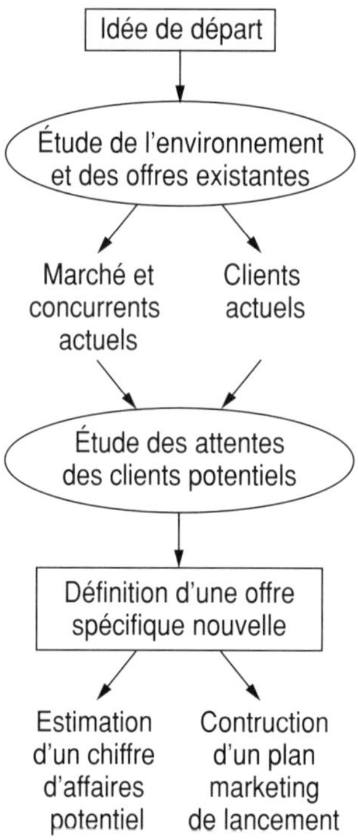

☞

Principes méthodologiques d'une étude de marché

• Construction progressive, en spirale

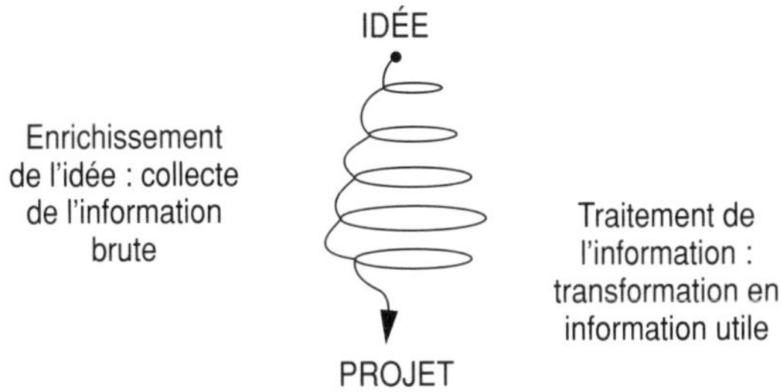

• Des phases de retour sur hypothèse

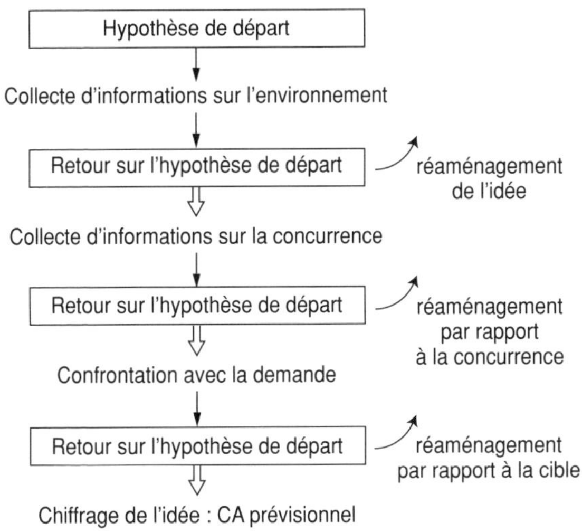

⇩ Les nouvelles données permettent de continuer l'étude. Éventuellement, de très légères évolutions s'imposent, mais elles ne nécessitent pas un réaménagement de l'idée.

☞

Plan général d'une étude de marché

1. Présentation du projet initial

Hypothèse de départ

Première matérialisation de l'offre, description précise, maquette, prototype

Valeur ajoutée apportée

Points forts/faibles du projet

Atouts/handicaps du créateur et niveau de connaissance a priori du secteur

Études des offres existantes : recherche d'informations utiles

2. Étude exploratoire documentaire et recherche d'avis d'experts

Pour comprendre le marché ses règles du jeu et répondre aux questions :

Qui ? Quoi ? Où ? Quand ? Comment ? Pourquoi ?

3. Synthèse des offres existantes, délimitation du marché utile (caractéristiques du produit ou service idéal, facteurs clés du succès, importance du marché et contraintes spécifiques) et proposition de couverture du marché

4. Retour sur hypothèses/Approfondissement du projet

Étude de la demande potentielle spécifique : pour chiffrer le projet

5. Études approfondies de compréhension de la demande

Entretiens collectifs et/ou individuels

Recueil d'avis d'experts, de clients et fournisseurs

6. Retour sur hypothèses

Affinement du positionnement stratégique (ou doute/rejet)

7. Quantification de cette demande

Sondages

Tests complémentaires

Prévision de ventes et hypothèses de chiffre d'affaires

☞

8. Retour sur hypothèses
Retouches éventuelles et légères du projet

Définition de l'offre définitive
9. Positionnement du marketing-mix
Perspectives de développement

Liste et classement des informations à récolter

1. le marché,
2. concurrence directe et indirecte,
3. analyse de la demande,
4. fournisseurs,
5. distribution,
6. produits de substitution,
7. réglementation,
8. technologie,
9. informations complémentaires.

D'après Catherine LÉGER-JARNIOU, *Réaliser l'étude de marché de son projet d'entreprise*, 2e édition, Dunod, 2004.

3 La création de Paul

La genèse du concept

La véritable naissance du concept Paul n'a pas lieu en 1993 au moment où Francis Holder décide de créer un nouveau design et de repeindre toutes les façades de ses boulangeries. Elle survient vingt ans auparavant, en 1972, lorsque le boulanger tout juste revenu de son cauchemar industriel décide de déplacer le fournil de la boutique familiale, la boulangerie Paul de la place de Strasbourg, à Lille. Une fois de plus, il agit par pulsion, le plus vite possible. Il veut remonter le four du sous-sol au rez-de-chaussée et le placer au centre de la boutique, à la vue des clients. C'est en observant les pizzerias de Lille que cette idée lui est venue. Réalisant tout à coup ce qu'ils sont en train de casser, les mineurs se demandent si le boulanger n'est pas un peu fou. Ils lui demandent sans cesse s'il est au courant que les murs sont en acajou massif, Francis Holder n'entend rien. Il a une idée, il va jusqu'au bout. Ce n'est que bien plus tard qu'il s'en voudra d'avoir tout détruit. Lui qui deviendra un passionné averti d'antiquité et de décoration, il aurait préféré se passer d'un tel « massacre ». D'un autre côté, il ne regrettera jamais ce geste sans lequel il n'aurait peut-être jamais lancé ses boulangeries. Un acte fondateur en quelque sorte…

L'aménagement intérieur avec le fournil à la vue des clients est une petite révolution dans le métier de l'époque, un beau concept qui n'aurait pas servi à grand-chose si Francis Holder n'avait pas poursuivi une autre idée : refaire du bon pain. « J'en avais tellement marre de ce pain industriel sans saveur que j'ai eu la conviction qu'il fallait revenir en arrière, qu'il fallait essayer de refaire le pain que faisaient mon grand-père et mon père. Simplement, d'un point de vue commercial, il ne suffisait pas de faire ce pain à l'ancienne. Il fallait aussi faire savoir aux clients que nous nous étions engagés dans cette voie. C'est pour cette raison que j'ai eu cette idée d'installer le fournil dans le magasin. » Suivant l'exemple de *La Femme du boulanger*, son film culte, il dévoile aux clients interloqués du quartier sa nouvelle boutique en septembre 1972.

S'ils restent dubitatifs sur le nouvel aménagement de la boutique, ils n'apprécient pas du tout le nouveau pain du boulanger. Et le font savoir. « Les premiers pains à l'ancienne que j'ai faits, on me les a jetés à la figure. Les clients me demandaient ce qu'il m'était arrivé, pourquoi j'avais fait ce pain tout jaune, plus lourd… » Voilà le risque d'être en avance sur son temps ! À cette époque, le pain blanc s'est tellement imposé dans le quotidien que les consommateurs français ne connaissent quasiment plus que ça. À quelques exceptions près, toutes les boulangeries ne proposent plus que des pains bien calibrés et uniformes à la mie d'une blancheur de neige. Quant à la baguette, elle est devenue reine. À l'inverse de Francis Holder, bon nombre de petits artisans boulangers de quartier ont préféré introduire la mécanique dans leur métier, notamment lors du pétrissage. Le consommateur lambda se complaît d'autant plus dans cette uniformisation des habitudes alimentaires que les grandes surfaces emboîtent largement le pas aux boulangers. La grande distribution systématise la diffusion de ces pains insipides, vend des baguettes à 1 franc et promeut des pains allégés pour surfer la vague des régimes amaigrissants. Très vite, les consommateurs ne font plus aucune différence entre le pain dit « artisanal » des boulangers et celui des grandes surfaces. En toute logique, ils sanctionnent les boulangeries de quartier qui pratiquent des tarifs supérieurs. Ce désintérêt progressif des Français pour le pain va plomber la profession durant des dizaines d'années. Il l'affecte encore aujourd'hui : le nombre de boulangeries qui a diminué de plus de 25 % en France depuis les années 1970 devrait continuer à décroître dans les années à venir. Sur les 34 000 commerces actuellement recensés, près de 10 000 devraient à nouveau disparaître (ou être remplacés par des boulangeries modernes) dans les dix prochaines années. « Les jeunes d'aujourd'hui ne le savent peut-être pas mais quasiment plus personne en

France ne savait faire du vrai pain à cette époque. Seul un diplodocus resté dans son coin parvenait à faire le même produit depuis toujours, c'était Poilâne. Comme il n'avait jamais eu l'esprit de faire autrement, de changer son style de production, il avait continué à faire le même pain. »

Francis Holder s'évertue à expliquer à ses clients pourquoi son pain est meilleur. Il leur explique ne rajouter aucun adjuvant dans sa pâte, d'où la couleur si particulière et le bel alvéolage de la mie. Il reprend ses explications pédagogiques tous les jours. À force de volonté et de patience, il parvient au bout de six mois à faire admettre à ses clients qu'il existe autre chose que le pain blanc dans la boulangerie. Francis Holder est d'autant plus motivé de convaincre lui-même ses clients qu'il sait, mieux que quiconque, les risques qu'il prend à produire ce pain dans les strictes règles de l'artisanat : là où la plupart des boulangers fabriquent leurs pains en deux ou trois heures, il lui en faut sept ! Car le boulanger considère la pâte comme une matière vivante. Il ne veut surtout pas la stresser, afin qu'elle assure une bonne fermentation. « C'est précisément cette fermentation qui donne du goût au pain, génère les alvéoles de la mie, provoque cette couleur jaune si particulière. »

De la même manière, il prend le soin d'observer un temps de repos entre deux étapes de travail, afin que la pâte puisse respirer. Au total, son travail se décompose en six étapes. Il s'agit d'abord du *pétrissage.* Une fois assuré que la température de la pièce est à un niveau idéal (25 degrés), il démarre son pétrissage à petite vitesse, sur la position 1 (et jamais sur la position 2, comme c'est le cas dans la boulangerie industrielle). Francis Holder fait attention à ne pas augmenter cette cadence. Comme tout bon boulanger, il sait pertinemment qu'un pétrissage rapide aère trop la pâte, effiloche et blanchit la mie. Si le pétrissage doit être effectué en douceur, il doit aussi durer le moins longtemps possible afin que la pâte puisse développer sa force par elle-même. Résultat : il obtient une pâte plus compacte et plus lourde, donc moins facile à travailler mais peu lui importe !

Ensuite, Francis Holder insiste pour que le *pointage* (qui correspond à la première étape de la fermentation) dure au moins quatre heures. Une fois encore, cette opération qui permet de conserver une température homogène à la pâte est réalisée entièrement à la main. Toutes les heures, l'employé le plus costaud du fournil procède au rabat de la pâte en plongeant ses mains dans le bac et en retournant d'un coup plus de 80 kilogrammes de pâte. Si la *division* s'effectue mécaniquement, - il n'est pas possible de faire autrement car la taille et le poids des produits boulangers, spécialement des flûtes et des baguettes, obéissent à des critères très stricts, 200 grammes pour une flûte et 250 grammes pour une baguette, le *façonnage* est entièrement réalisé à la main. Pour le boulanger, il s'agit là d'un gage de qualité supplémentaire. Ensuite, il entrepose ses pains dans le « parisien », meuble traditionnel de boulangerie qui renferme une quinzaine de plateaux en bois coulissants et les laisse reposer trois bons quarts d'heure. « Cette nouvelle étape de fermentation dénommée l'*apprêt* permet au pain d'exprimer l'essentiel de sa fermentation. C'est le moment où tous les gaz carboniques s'activent le plus et où le goût commence à s'exprimer le mieux. » Avant l'enfournement, il reste à *grigner* les pains. Cette pratique aujourd'hui répandue dans toutes les boulangeries consiste à inciser légèrement le dessus du pain à l'aide d'une fine lame pour que la pâte gonfle mieux pendant la cuisson. Francis Holder se démarque à nouveau des autres boulangers en ce qui concerne la cuisson. Il refuse catégoriquement d'utiliser un tapis d'enfournement : ses pains sont enfournés manuellement (à l'aide d'une pelle traditionnelle) dans des fours à sole imposants, conçus en pierre de lave réfractaire. La fabrication n'est pas tout à fait terminée, il reste environ un quart d'heure au boulanger pour la *ressuer,* c'est-à-dire pour laisser les pains transpirer un peu, leur laisser le temps de se « réadapter » à la température ambiante. En tant que pur artisan fidèle aux recettes anciennes, Francis Holder utilise également beaucoup le levain. Chaque jour, il verse son mélange de raisin fermenté, d'eau et de farine dans la pâte du jour et y adjoint un petit morceau de pâte de la veille. Le but est toujours le même : relever un peu plus ce fameux goût rustique si cher au boulanger.

En moins d'un an, la clientèle du quartier de la place de Strasbourg est conquise. L'affluence de la boulangerie qui avait baissé fin 1972 a maintenant dépassé le niveau qu'elle atteignait avant la restructuration. Plus qu'un encouragement, Francis Holder y voit le signe d'un retournement complet de tendance alimentaire. Si l'entrepreneur est parvenu à prouver à des clients de quartier plutôt sceptiques que son pain était meilleur que les autres, pourquoi n'irait-il pas en convaincre d'autres, quitte à prendre le temps d'évangéliser à nouveau ? Il veut réitérer l'expérience dans les trois boulangeries qu'il possède dans la région lilloise, en restructurant l'intérieur et en plaçant le four à bois à la vue des clients. Dans la foulée, il en profite pour refaire la décoration intérieure. Il s'attaque donc aux boulangeries de Lille, Belfort, Ronchin et Villeneuve d'Ascq. Façades en brique, poutres en bois foncé, carrelage, spots tamisés… ses nouvelles boulangeries sont encore loin de ressembler aux Paul des années 1990, mais l'apparition du fournil en plein cœur de la boutique semble plaire aux consommateurs de l'époque.

Après la boulangerie Grande Synthe en octobre 1974, Francis Holder s'implante à Paris, en plein cœur du 16e arrondissement. Il y ouvre une boulangerie Paul, dans la galerie Saint Didier, au 12 rue des Bellefeuilles. En 1976, il ouvre une nouvelle boutique à Saint-Paul-sur-Mer et à Nancy (dans le quartier Saint Sébastien). Puis c'est au tour de Strasbourg, de Créteil et de Clermont-Ferrand. Sa méthode d'acquisition est simple. Il passe une annonce dans les journaux locaux et recrute lui même ses premiers boulangers en se rendant sur place avec sa femme. Le couple Holder reste une journée, parfois deux à auditionner les candidats du matin au soir. « On embauchait sur le terrain. C'était nous les ressources humaines ! »

Il préfère racheter les boulangeries à des couples qui les gèrent eux-mêmes. Ce schéma artisanal de la femme au comptoir et du mari au fournil lui correspond bien. Il apprécie beaucoup cette configuration et regrette qu'on ne puisse trouver aujourd'hui 250 ménages pour s'occuper de ses boulangeries ! Francis Holder a beau reconnaître idéaliser cette forme de travail en famille, il estime ne connaître aucune organisation plus efficace pour tenir une boulangerie. « Si le boulanger travaille sur la base d'un temps plein classique, il peut faire face à une surcharge impromptue de travail en demandant à sa femme de lui donner un coup de main. Et au cas où elle est partie chercher les enfants à l'école, il peut toujours demander à son père ou à l'un de ses parents en retraite anticipée de venir l'aider. Cette forme d'organisation est la plus adaptée à la boulangerie : le mari au fournil, l'épouse en boutique, les autres parents disponibles. Voilà de surcroît une belle manière de recréer un semblant de cellule familiale ! » explique Francis Holder sur un air nostalgique, mêlé d'une petite pointe d'ironie. Car l'entrepreneur est réaliste : il faut bien composer avec la culture de son temps…

S'il recrute ces couples de boulangers, il n'achète jamais leur établissement. Le coût d'acquisition serait trop élevé, surtout si on le rapporte au chiffre d'affaires de la première année. Il doit en effet prévoir des travaux de restructuration importants qui vont empêcher l'affaire de tourner pendant au moins un semestre. Un temps durant lequel il faudra payer le salaire du ménage mais aussi les charges de l'établissement. Sans compter les risques de voir fuir la clientèle. De toute façon, neuf fois sur dix, l'établissement tenu par les candidats à l'embauche n'intéresse pas Francis Holder. Soit en raison de son emplacement dans le quartier, soit parce que son style se révèle tellement inepte qu'il faut prévoir des sommes colossales pour tout reconstruire. Il préfère donc trouver un magasin vierge, l'aménager, et créer lui même une nouvelle clientèle. « On achète un pas-de-porte et on crée le fond de commerce. C'est beaucoup plus simple. » Et ce d'autant plus que la mobilité des boulangers pose de moins en moins de problème. Seul ou en couple, ils passent aujourd'hui assez facilement d'une ville à l'autre et, de plus en plus, d'un pays à l'autre.

C'est donc en prenant cette voie « ringarde », à contre-courant, de la fabrication d'un pain artisanal, que Francis Holder va redynamiser le marché du pain. Son influence va tarder à se faire sentir mais au fur et à mesure des implantations réussies de ses boulangeries dans les grandes villes françaises, les autres boulangers vont commencer à s'affoler, à se remettre en question. Ce sera ensuite au tour des meuniers. Ces derniers qui ne pourront que constater le travail réalisé par Paul en amont de la filière n'auront pas d'autres choix que de revoir de fond en comble leur mode de culture (voir chapitre 5). À entendre parler le boulanger avec une telle simplicité de ses visions de l'époque, le bouleversement à venir de la profession paraît disproportionné. « J'ai juste voulu créer, ou plutôt recréer un produit qui existait déjà et qui correspondait à la manière dont j'avais envie de le manger depuis toujours. Une fois ce produit créé, il a suffi d'imaginer le style de magasin qui allait avec. »

Entre ses premières boutiques et les Paul aux devantures noires des années 1990 qui donnent l'impression d'avoir toujours existé, Francis Holder n'aura cessé de créer, casser et recréer l'image de sa boulangerie idéale. C'est pourquoi le boulanger n'aime pas trop évoquer le terme « concept ». Contrairement aux impressions du public, la marque Paul n'a jamais été conçue d'une pièce. La réflexion du boulanger a évolué sans arrêt. Entre ses premières idées d'un retour au pain authentique à l'apparition des premières boulangeries aux devantures noires, il faudra attendre plus de dix ans.

Le développement grâce aux galeries commerciales

Au début des années 1980, Francis Holder tient le concept Paul en main. Il lui reste à le développer. Mais les débuts sont difficiles et le rythme des ouvertures demeure lent. Outre les boulangeries de la région lilloise qui lui appartiennent et qu'il a restructurées, il n'a pu ouvrir qu'une demi-douzaine de boutiques en dix ans. Le concept est pourtant bien rodé, mais la difficulté réside dans sa duplication. La boulangerie est un métier artisanal compliqué, truffé de paramètres aléatoires. Contrairement à la pâtisserie dont les process de fabrication sont plus mathématisés, ou à la viennoiserie, plus facile à manier, la boulangerie demeure un métier aléatoire. Il repose entièrement sur le savoir faire et l'intuition du chef boulanger. Justement, Francis Holder a beaucoup de mal à trouver ces artisans avec lesquels il veut travailler. Son discours sur le pain à l'ancienne ne passe pas toujours et ses exigences à l'envers des règles de l'économie en rebutent plus d'un. Et lorsqu'il trouve la perle rare, il n'a pas toujours envie de lui délivrer ses secrets, sans savoir à l'avance s'il va pouvoir contrôler la qualité des pains sortis du four au jour le jour. Il ne lui reste qu'une solution : former lui même le personnel de ses boutiques, les chefs boulangers en particulier.

Un autre paramètre, et non des moindres, explique le retard au décollage de Paul. Francis Holder n'envisage pas d'implanter ses boulangeries ailleurs que dans les centres villes. Suivant l'exemple réussi de la première boulangerie de la place de Strasbourg, il insiste pour que les autres boulangeries se situent au cœur de la vie économique des quartiers, là où résidents et employés se croisent au quotidien. Mais ces emplacements en centre ville sont devenus très chers. L'entrepreneur n'a pas les moyens d'investir seul. Les banques ne comprennent pas grand-chose à son projet d'entreprise. Comme d'habitude, elles ne se projettent pas, ne parviennent pas à décrypter ses visions : elles ne lui prêtent rien. Francis Holder est bloqué net dans son développement. C'est au moment où il commence à se poser de sérieuses questions sur sa capacité à poursuivre ses implantations que les centres commerciaux éclosent partout en France. L'apparition de cette nouvelle organisation change radicalement la donne. « Je me suis engouffré dedans avec la même étincelle qui m'avait guidée lors de l'arrivée des Nouvelles Galeries. J'ai profité de la naissance de ces galeries marchandes avec une telle facilité qu'elle m'étonne encore aujourd'hui ! »

Gigantesques *no man's land* sans la moindre animation, ces premiers espaces commerciaux ont besoin de faire le plein de commerçants pour attirer les foules. Leurs promoteurs n'hésitent pas à se montrer très conciliants avec les petites enseignes, pourvu qu'elles apportent un gage de qualité et de prestige. Pour Francis Holder, c'est une aubaine. La marche à suivre est on ne peut plus simple : rien à voir avec les complications liées au choix d'un emplacement en centre ville. Les responsables des centres commerciaux le reçoivent sur place, lui montrent les surfaces disponibles, lui indiquent les noms des autres enseignes. Surtout, ils lui confirment qu'il n'aura qu'un loyer à payer. L'entrepreneur se prend enfin à envisager le développement qu'il espère tant. Le rythme d'ouverture de ses boulangeries va exploser. Francis Holder qui rassemble à peine dix boulangeries (dont la moitié au cœur de la région lilloise) au début des années 1980 en comptera douze fois plus dans une dizaine d'années !

Francis Holder est alors animé par un esprit de conquête très fort. Il ouvre les boulangeries les unes après les autres, dès que l'occasion se présente. Il ne pense qu'au développement. Comme aveuglé, il balaie ou contourne tous les obstacles sans penser aux conséquences. Rien ne doit le freiner, et surtout pas les banques. Ces dernières refusant de lui accorder davantage de prêts pour l'enseigne Paul, il ouvre des boulangeries sous un autre nom. Il pense agir avec d'autant plus d'habileté que cette manœuvre lui permet de rester discret, de ne pas se faire remarquer avec une enseigne nationale trop voyante. Il applique à la lettre la devise de ses copains nordistes : « vivons heureux, vivons caché ». Outre Paul et Moulin Bleu, il crée La Viennoisière, Au Bon Feuilleté, les Trois Brioches ou encore Saint Preux (rue de Paris, à Lille). Au total il créera sept enseignes différentes durant cette période. Paul a beau demeurer sa marque préférée, il ne se soucie guère de son image. Il poursuit également la vente de son pain industriel sous la marque Moulin Bleu et installe une première boutique dans les Nouvelles Galeries de Lille. Ses boulangeries diffèrent complètement les unes des autres. Suivant le succès de la Viennoisière, certaines boulangeries Paul proposent des sandwichs, puis de la petite restauration. Cela tourne parfois au self cafétéria et les responsables de boutique proposent des « spécialités du chef ». « Je me souviens vaguement qu'un chef d'origine marocaine proposait du couscous dans la boutique ! C'était un développement un peu anarchique tout de même », confirme son fils aîné David Holder, aujourd'hui vice-président du groupe Holder. Ces airs de cafétérias s'expliquent sans doute aussi parce que Daniel Lepoutre, le directeur général de Flunch, aide le boulanger à s'implanter en prenant des participations dans ses boutiques. L'appétit de croissance de Francis Holder est tellement fort qu'il ne se rend plus vraiment compte du caractère hybride de son réseau. Quant aux aspects extérieurs, aucune boutique ne se ressemble. Certaines ont un côté rustique, d'autres sont plus modernes, dans un style « années 1960 » proche de l'univers Tati. La plupart mélangent rusticité et modernisme, ce qui leur confère un air pour le moins hybride et confus. L'identité visuelle n'existe pas non plus. Francis Holder change six fois le logo de Paul en quelques années ! Le septième logo que le public aperçoit partout aujourd'hui sera finalement le bon. Le développement est donc rapide, mais très désordonné.

En fait, ce n'est qu'au début des années 1990 que Francis Holder décidera d'homogénéiser l'ensemble, en regroupant toutes ses enseignes sous une seule et unique marque Paul. Pierre Levy, premier franchisé de Franprix le décidera à franchir le pas. Dans son élan, Francis Holder imposera une identité visuelle unique et cohérente à l'ensemble de son réseau. L'organisation humaine se met en place rapidement, en suivant le rythme des implantations. À côté des boulangeries qui possèdent une surface suffisante pour installer un four à bois, d'autres points de ventes plus petits commencent à apparaître. Ces boutiques dépourvues de four s'implantent dans des quartiers très huppés où les mètres carrés sont hors de prix, ou dans de nouvelles galeries commerciales prometteuses offrant peu de place. Comme il a ancré le sens de son entreprise sur l'approche artisanale, Francis Holder ne peut se permettre de vendre du pain précuit ou précuit surgelé dans ces boutiques. C'est pourquoi il décide de les implanter à proximité des Paul existants qui les approvisionnent plusieurs fois par jour. Cette organisation prévaut encore aujourd'hui et concerne surtout les grandes villes, notamment Paris et Lille où de nombreuses boutiques se font livrer. À Paris, par exemple, le fournil du Paul rue de la Pompe (16e) livre la boutique de la rue l'Annonciation (16e) et celle de la rue Saint-Charles (15e). À Lille, le fournil du Paul de la place de Strasbourg livre la boutique de la rue Pelletier et celle de Vielle Bourse. Il ne sert à rien de chercher des camionnettes Paul dans les rues de la capitale : les livraisons se font la nuit avec des voitures banalisées.

Chance ou intuition, Francis Holder a l'art de dénicher les bons emplacements dans les galeries commerciales. Il effectue ses choix de façon empirique, passe quelques heures autour du lieu, se poste devant, observe les allées et venues de la clientèle, se promène à droite, puis à gauche. Après plusieurs heures de surveillance intensive, il parvient à saisir la qualité du lieu. « La nouvelle génération analyse beaucoup plus les données chiffrées : combien de personnes passent sur le trottoir ? Quelle est la concurrence ? Quel est le niveau social de la clientèle ? etc. Leur approche est nettement plus intello mais revient au même que la mienne. En tout cas, elle ne nous a pas empêchés de faire des erreurs quand même ! » Lui aussi se trompe d'emplacement. Plus d'une fois ! Mais dans l'ensemble, sur ces vingt premières années de développement de Paul, il ne commet pas d'erreur grossière, juste quelques échecs d'appréciation, des décalages qui vont d'ailleurs lui apprendre à ne jamais précipiter le retrait d'une boutique : « Il est crucial de se demander ce que seront les bons emplacements de demain avant de se précipiter sur ceux d'aujourd'hui. » Par exemple, lorsqu'il s'installe en mars 1981 à La Défense, la directrice du centre commercial le supplie d'installer Paul devant les caisses d'Auchan, afin d'enclencher la synergie des commerçants. Il prend ce lieu moyennant des loyers ridicules mais la boutique patauge. Cette apathie dure plusieurs mois, puis quelques années, le temps que le centre commercial de La Défense prenne son envol. Francis Holder est sur le point d'abandonner le projet à plusieurs reprises. Il fait bien de se retenir : hier condamnée, cette boutique est aujourd'hui devenue l'une des meilleures adresses du groupe.

Francis Holder apprend aussi à choisir ses emplacements en se méfiant des appréciations culturelles de chacun. Ce n'est pas parce que tout le monde estime dans un milieu parisien chic que telle adresse est parfaite qu'il faut le croire a priori. Et inversement. En témoigne le Paul de Parly 2 où il décide d'installer la boutique dans un sous-sol aussi glauque que sordide. Il ne s'en rend pas compte les premières fois mais lorsqu'il retourne sur les lieux la veille de l'ouverture, il est persuadé d'avoir commis une très grosse erreur en choisissant un tel endroit. La boulangerie ouvre le lendemain et réalise le plus gros chiffre d'affaires hebdomadaire du réseau. « Je n'avais pas décelé l'existence d'une clientèle haut de gamme qui recherchait un pain de qualité plus élaboré. Tout simplement parce que cette clientèle n'était pas visible a priori. » C'est pourquoi le boulanger insiste tant sur sa méthode « lit de camp » pour choisir un emplacement. Rien ne remplace l'imprégnation physique d'un lieu pour s'en faire une bonne opinion. Quant aux études de marché, elles doivent venir compléter cette première appréciation.

Après l'installation de plus de 300 magasins (toutes marques confondues), Francis Holder a appris à faire preuve de sagesse devant l'inévitable : le meilleur emplacement d'une ville peut devenir mauvais en dix ans, tout simplement parce que le commerce et les mentalités auront évolué. L'entrepreneur n'a jamais été du genre à croire à la pérennité obligée d'un emplacement, fut-il sur les Champs-Élysées ou ailleurs. Il est obsédé par l'idée que ce qui

CHOISIR LE STATUT D'UNE ENTREPRISE

Structures	EI	EURL/SELU
Activité	commerciale, artisanale, libérale ou agricole	commerciale, artisanale, libérale non réglementée (EURL) libérale réglementée (SELU)
Nombre d'associés	indépendant	1
Capital social	aucun	7 500 € souscrits 1 500 € libérés
Formalités de constitution	déclaration au CFE	statuts, annonce légale, déclaration au CFE
Limite de responsabilité	biens personnels	apports
Imposition des résultats	IR (BNC, BIC, BA)	IR ou IS
Imposition de la rémunération du dirigeant	IR sur résultats	IR sur résultats ou sur rémunération
Déduction fiscale de la rémunération du dirigeant	non	oui (si IS)
Régime social du dirigeant	non salarié	non salarié
Droits en cas de cession	4,8 % si FC	4,8 % sur valeur des parts
Présence d'un commissaire aux compte	non	oui*

☞

EARL/SELARL/ EARL	SA/SAS/SASU	EURL/SELU	SCP
commerciale, artisanale, libérale non réglementée (SARL) libérale réglementée (SELARL) agricole (EARL)	commerciale, artisanale, libérale non réglementée	commerciale, artisanale	libérale réglementée
2 à 50 1 à 20 (EARL)	minimum 7 (SA) 1 (SASU), minimum 2 (SAS)	minimum 2	
7 500 € souscrits 1 500 € libérés	37 000 € souscrits 18 500 € libérés	pas de minimum	
statuts, annonce légale, déclaration au CFE			
apports		biens personnels	
IR ou IS	IS	IR ou IS	IR (BNC)
IR sur rémunération			
oui (si IS)	oui	oui (si IS)	non
non salarié si gérant majoritaire, salarié si minoritaire	salarié	non salarié	
4,8 % sur valeur des parts	1 % (limité à 3 000 €)	4,8 % sur valeur des parts	
oui*			non

* si le bilan s'élève à un montant supérieur à 1 550 000 € ou le chiffre d'affaires supérieur à 3 100 000 € et si l'effectif de l'entreprise compte plus de cinquante salariés.

D'après Véronique CHAMBAUD, *Réussir son activité en SARL*, Dunod, 2003.

marche est, par définition, déjà dépassé. D'où sa hantise du mot concept. Selon lui, un concept n'a aucun sens dès lors que l'on est obligé de le remettre en question en permanence. D'ailleurs, même l'image des boulangeries à l'ancienne que tout le monde connaît aujourd'hui va devoir bientôt s'effacer. Non pas disparaître, mais s'éclipser pour accoucher d'une image différente. Francis Holder s'est préparé à cette éventualité depuis longtemps. C'est pour cette raison qu'il maîtrise calmement la révolution à venir. Cette force de caractère est l'une de ses qualités les plus marquantes. Comprendre qu'une stratégie doit être modifiée au moment où elle marche très bien est une chose. Encore faut-il avoir le courage de passer à l'action en changeant de cap alors que les affaires n'ont jamais aussi bien marché ! « J'ai commencé à pressentir cette éventualité à la fin des années 1990. Depuis que la grande distribution s'est mise à reprendre nos idées et à intégrer nos propres valeurs, j'ai su qu'il fallait accélérer le mouvement. » Les réflexions concernant le relookage des boutiques actuelles ont démarré en début d'année 2004. Accélérées par le management récemment mis en place, le dynamisme et l'inventivité de la jeune génération, ces remises en question devraient déboucher sur l'apparition de nouveaux Paul dès 2005. Déjà une nouvelle signalétique résolument différente est prête pour les espaces « petite restauration ». Les visuels comprennent notamment des affiches où l'on voit toutes sortes de produits (une tasse de café, un gâteau…) sauf du pain !

4 Le management à la Holder

Le chef de bande

C'est à travers un symbole, un rêve de gamin que Francis Holder voit le premier signe de la naissance d'une organisation. Courant 1968, les livraisons de pains aux grandes surfaces deviennent importantes et le jeune entrepreneur vient d'acheter son premier camion. En fait de camion, il s'agit plutôt d'une camionnette, style estafette. C'est un petit J7 Peugeot d'occasion, sans grande prétention. Peu importe ! Le boulanger bichonne sa nouvelle acquisition, la contemple comme un trésor et repeint lui même la carrosserie aux couleurs de l'enseigne, sans oublier les épis de blé bien sûr. Il est tellement fier de sa camionnette qu'il fait dix fois le tour de la place de Strasbourg avec, devant les yeux ébahis de sa femme. Certes, le boulanger est encore loin de la cheminée fumante de ses rêves d'enfant, mais il s'en rapproche un peu...

L'afflux des commandes rime avec l'embauche de nouveaux employés : des chefs boulangers bien sûr, mais aussi des préparateurs et des livreurs. Jusqu'à présent, Francis Holder a pu compter sur un petit noyau dur d'une dizaine de collaborateurs fidèles et acquis à sa cause, des collaborateurs de la première heure qui, à l'image du père François, sont presque tous aussi « fous » que leur patron, travaillent depuis l'âge de quinze ans, ne se posent aucune question métaphysique sur leur carrière et gèrent les contraintes au jour le jour, sans aucune visibilité. Tous ont foi en leur patron et partagent sa vision. Seulement Francis Holder doit maintenant apprendre à diriger un groupe important de personnes aux profils divers. L'effectif de Moulin Bleu va passer d'une dizaine de personnes à environ 200 en moins de cinq ans. Ces employés qu'il connaît parfois à peine ne sont pas tous aussi motivés que ceux du début et ne placent pas particulièrement le patron sur un piédestal. En prime, ils n'ont pas toujours des CV d'enfants de chœur ! Francis Holder qui n'a pour l'instant jamais eu besoin de faire ses preuves dans la gestion des ressources humaines effectue son baptême du feu.

Ses trois années de service militaire en Algérie de 1959 à 1961 lui sont d'une grande utilité. Très influencé par la solidité imperturbable du « management » militaire, il se remémore ses patrouilles en plein maquis. « Lorsque nous patrouillions à six ou sept dans la Jeep, les balles pouvaient fuser de n'importe où. Inutile de préciser que le préposé à la mitrailleuse posté à l'arrière de la voiture se tenait sur ses gardes. De son côté, le sergent était à l'affût, guettant non stop un éventuel tireur embusqué. Quant à moi, mes sens étaient en alerte maximale. » Présent à tous les niveaux de l'entreprise, sur le qui-vive permanent, responsable de ses hommes, le chef d'entreprise se retrouve dans le même état d'esprit que le sergent. La faiblesse de ce management en état d'alerte incessante, c'est qu'il ne peut pas être discuté : il s'impose de fait, sans tergiversation possible. S'il fonctionne dans l'armée, ce dirigisme a du mal à s'appliquer dans l'entreprise. C'est pourtant sur ce modèle militaire que l'entrepreneur lillois décide de se caler. Il rappelle à qui veut l'entendre que son pouvoir n'est pas discutable. Il ne partage aucune décision, aucun plan et ne délègue pas la moindre responsabilité. En fait, Francis Holder ne conçoit pas d'autre management que le modèle 100 % artisanal dans lequel il a baigné toute son enfance. Lorsqu'il y a une mission à accomplir, il choisit ceux qui possèdent la meilleure expertise pour effectuer le boulot et ils s'exécutent, sans discuter. Chacun doit veiller à remplir ses objectifs du mieux possible. « De mon côté, je me chargeais de tout le reste, c'est-à-dire de quasiment tout ! » Si l'homme aime bien être épaté, taquiné voire bousculé, il n'apprécie guère qu'on remette ses fondamentaux en question. C'est le règne du pouvoir absolu. Il faudra attendre des dizaines d'années et l'arrivée de ses deux fils dans le groupe pour que ce règne sans partage commence à être remis en question. À cette époque, personne n'ose se confronter à lui. Personne, exceptée sa femme. Juriste de formation, Françoise Holder n'est pas du genre à s'emballer pour les projets de son mari et n'hésite pas à le lui dire.

Plus tard, dans le contexte d'un management moderne, Francis Holder finira par intégrer l'idée qu'il vaut mieux s'adresser aux cadres en évitant de les décourager. Et ce d'autant plus que la plupart des collaborateurs au « garde à vous » des débuts laisseront la place à de jeunes cadres performants ayant fait leur preuve à l'extérieur. « Au début, il fallait imposer ses vues de la façon la plus claire possible, c'est-à-dire d'une manière quasi dictatoriale. Je ne me posais pas la question de savoir s'il fallait prendre des pincettes : je disais "fais-ci", "fais ça" et voilà ! Aujourd'hui bien sûr, tout est devenu très différent. Il ne m'est plus possible de formuler les mêmes remarques de la même manière. Il faut être beaucoup plus diplomate, ce qui fait perdre du temps à tout le monde ! » L'entrepreneur qui éprouve une certaine nostalgie du management de ses débuts finira par comprendre que son entreprise ne se trouve plus dans la panique de la petite patrouille en Algérie. Il se fera à l'idée que le temps de la Jeep embarquée de ses chefs boulanger, du chef de quai et du comptable est révolu.

Au début des années 1970, il travaille comme un forcené. Il n'imagine pas comment pouvoir faire autrement. Cette situation ne le dérange pas – il a toujours énormément travaillé – jusqu'au jour où il doit composer avec sa vie familiale. Courant 1970, Francis Holder est père de trois enfants, tous très proches en âge : David né en 1968, Maxime né en 1969 et Elisabeth née en 1972. Les deux premiers le rejoindront dans l'aventure, la troisième préférera rejoindre la direction marketing d'une grande maison française du luxe. Le patron est de plus en plus taraudé entre la nécessité de mettre son affaire hors d'eau et l'envie de passer du temps avec les siens. Ces moments sont durs, d'autant qu'il ne peut faire autrement que rester sur le pont sept jours sur sept, vingt-quatre heures sur vingt-quatre. « C'était épouvantable. Quand je prenais quelques jours de vacances avec mes enfants, je passais la moitié du temps à dormir, l'autre moitié à téléphoner dans un coin de la maison pour essayer de comprendre ce qui se passait dans l'usine. Je voulais rentrer pour régler les problèmes sur place. D'un autre côté, il fallait tout de même réaliser que je passais les rares jours de vacances de l'année avec mes enfants. » Francis Holder n'est pas du style « MOMOs », (« Moralisateurs Mobiles »), ces cadres qui ont pris l'habitude de séparer temps de travail et loisirs. Il serait plutôt du genre « BOMOs », « Bosseurs Mobiles ». Toujours disponible, nuit et jour, en voiture, sur les pistes de ski ou n'importe où ailleurs ! Son esprit est sans cesse en action, en réflexion. « Parfois les gens ne m'appellent pas parce qu'ils ont peur de me déranger. C'est plutôt qu'ils ne m'appellent pas qui me dérange ! »

Malgré tout, il n'imagine jamais prendre quelqu'un pour l'aider. Il faut dire que l'état d'esprit des entrepreneurs de l'époque est tellement différent. Surtout dans le Nord où Francis Holder est entouré de jeunes patrons qui font tout eux-mêmes, comme lui. Des hommes comme Gérard Mulliez (fondateur de Auchan) ou Paul Dubrulle (créateur d'Accor). À ce propos, il va régulièrement acheter les planches (qu'il utilise pour poser ses pains dans les « parisiens ») dans un entrepôt, sur le port de Lille où il a toujours affaire au même type, un certain Monsieur Dubois. « Il était toujours là à me couper les planches lui-même. C'était un type très gentil. Depuis, il a créé Castorama ! Je ne suis pas persuadé qu'à l'époque il se posait beaucoup de questions pour savoir ce qu'allait devenir son entreprise, s'il fallait ou non déléguer et ainsi de suite. En fait, on a tous démarré de la même façon : en faisant tout nous-mêmes. » C'est simple, tant que l'entreprise ne compte pas plus de deux cents personnes, le management Holder se résume à lui seul, plus un chef boulanger et une comptable ! Il fait tout, contrôle tout. Pourquoi ne pas déléguer, ne serait-ce qu'un peu ? Francis Holder a toujours eu la hantise de ces entreprises qui grossissent en se sclérosant de l'intérieur, en perdant leur réactivité et le contact terrain. « Elles se développent, délèguent le plus possible, et voilà qu'arrivent un colonel, un commandant, des capitaines, puis des lieutenants, des sergents… Cela aboutit à la constitution d'une sorte d'État-major qui emploie de plus en plus de types qui finissent tous dans des bureaux sans plus jamais quitter leur

QG ! Je n'ai jamais voulu créer un régiment dans l'optique de pouvoir l'entourer de satellites, j'ai cherché à faire le contraire. Tout s'est mis en place graduellement et naturellement. »

L'entrepreneur qui n'aime pas les fortes têtes de manière générale les supporte encore moins à cette époque-là. Mieux vaut rentrer dans lc rang, sinon gare aux coups de colères. Heureusement pour lui, Francis Holder intimide. Il fait peur naturellement, sans forcer son talent d'acteur. « Sous ses airs courtois et souriants, un volcan en ébullition était toujours prêt à exploser », se rappelle Mireille Delamonica, son ancienne secrétaire. Au moment du développement de son affaire industrielle, le chômage n'existe quasiment pas en France. Le soir, tard dans la nuit, lorsqu'il quitte l'usine et se retrouve dans cette petite zone industrielle naissante, les quelques rares individus qu'il croise n'ont pas vraiment le profil de gentils cadres qui rentrent dormir chez eux ! Il vaut mieux ne pas avoir peur. Il se fait prendre à parti plus d'une fois. Entre autres échauffourées, il se souvient bien de cette bagarre avec un chauffeur routier qui s'était garé au bord de la route pour le provoquer et le traiter de tous les noms. « Il a osé me dire de sortir de ma voiture si je voulais prouver que j'étais un homme. C'est clair qu'il valait mieux que je sorte, histoire de montrer qui j'étais vis-à-vis de mes employés. Le type n'a pas eu le temps de me voir arriver et il n'a pas touché terre ! Cette petite rencontre nocturne s'est avérée très positive car elle a beaucoup calmé les esprits de mes salariés dont certains commençaient à chauffer un peu trop. » Ce sont des moments comme ceux là qui lui font prendre conscience qu'un chef d'entreprise doit se comporter comme un chef de bande.

L'engagement du jeune patron est physique. Il ne doit pas s'imposer seulement par l'autorité de compétence mais aussi par la force. C'est celui qui travaille le plus qui s'impose vis-à-vis des autres. Le chef naturel doit faire ses preuves à la force du poignet. « On travaillait vraiment avec la lie de la société. Il fallait être un vrai chef pour s'en sortir. En définitive, les choses ne se passaient pas si mal et on finissait par boire des verres ensemble dans le bistrot du coin une fois le travail terminé. » Instinctif, physique, violent parfois, le management de Francis Holder vire peu à peu au paternalisme, au management de père de famille. Avec le temps, il parvient à lâcher un peu plus la bride, à diriger davantage comme un chef d'entreprise « normal ». Son atout ? Cultiver la promiscuité avec ses employés. Il démarre les nuits de travail à leurs côtés et termine le boulot en prenant le petit-déjeuner en leur compagnie tous les matins. Cette ambiance conviviale arrange les relations. Et ce d'autant plus que l'âpreté du travail de nuit tend à rapprocher les hommes. Mais attention, Francis Holder ne baisse jamais complètement la garde. Il doit refaire preuve d'autorité en permanence, dès que le laisser aller reprend le dessus.

Les structures de l'entreprise vont se construire sur cette base, sur la vision d'un homme, l'exemple d'un créateur omnipotent qui délègue le moins possible, contrôle tout. Il atteint son paroxysme avec l'installation dans le nouveau siège social, à La Madeleine. Ce cadre de travail qu'il a imaginé lui même a été conçu pour ressembler à son propre univers. Situé dans la banlieue de Lille, ce siège social ne paie pas de mine. Au bord d'une voie ferrée, au fond d'un parking, les locaux surgissent derrière un petit jardin. À peine aperçoit-on le logo Paul sur un panneau à l'entrée. Première curiosité, le parking. Toutes les voitures des cadres sont garées par l'arrière. Aucune ne déroge à la règle. La volonté du chef s'exprime déjà ! L'endroit n'est certes pas très gai, ni spécialement rutilant, rien à voir avec les sièges sociaux de la banlieue parisienne. Le bâtiment du siège jouxte celui des chaînes industrielles de viennoiseries. La décoration est minimaliste, plantes vertes, affiches et autres accessoires décoratifs habituels n'ont pas leur place. Hormis le bureau de Francis Holder au mur orné d'un grand tableau, aucun artifice ni décorum ne vient emplir ce vaste lieu. L'ordre est très rigoureux. Rien ne traîne, nulle part. Ni cartons, ni documents papier. Le tout confère au lieu des allures de laboratoire. Car le patron est un maniaque de l'ordre.

Tous les bureaux sont agencés sur un même niveau, un open space d'environ 2 000 mètres carré. Ils sont séparés par des cloisons transparentes et il est ainsi possible d'observer les différents services d'un bout à l'autre de la salle. Le personnel a l'obligation de porter sa blouse blanche qu'il doit enfiler dans le vestiaire avant de monter à l'étage. Il n'est pas très bien vu de procéder autrement et de se changer une fois dans les bureaux ! Attention, le port de la blouse n'a rien d'une plaisanterie. Des directeurs de services aux comptables en passant par les informaticiens, les 185 employés du siège se plient tous à la règle. Ils semblent d'ailleurs s'être accommodés à cette contrainte. Quant aux visiteurs habillés en tenue de ville, ils ont vite fait de se faire remarquer ! Bien plus qu'une lubie d'un patron pris d'un accès démoniaque, les raisons de ce port de la blouse sont profondes. Elles expriment d'abord la volonté de Francis Holder d'appliquer certaines des valeurs qui l'ont amené à la réussite. Cet homme qui croit à la notion d'exemple a lui même toujours porté ce vêtement, depuis ses quinze ans. Marqué par l'abnégation que son père avait devant le pain qu'il réalisait, il veut transmettre cette humilité à tous ses plus proches collaborateurs. Et c'est justement parce qu'une telle pratique peut paraître superflue dans le contexte du développement actuel qu'il tient encore plus à la maintenir. « Idéalement, il faudrait que les employés du siège travaillent dans les ateliers. Ils devraient avoir une vue non pas sur le parking mais sur les lignes de fabrication. Au même endroit, on ne peut pas avoir d'un côté des gens en blanc de travail, portant des masques et des bonnets en plastique sur la tête et de l'autre des types habillés en costume qui fument leurs cigares. Par ailleurs, le port de la blouse blanche nivelle les catégories sociales. Que l'on soit habillé en Saint-Laurent ou en jean, cela ne change rien. »

Ce management mi-chef de bande, mi-paternaliste ne commencera à frémir qu'au milieu des années 1990 avec le bond en avant de Paul, et surtout, le « débarquement » des fils Holder dans l'entreprise. Ce n'est qu'à partir des années 2000 qu'il commencera à laisser la place à un management moderne, avec le retour à l'industrie, l'internationalisation et l'ouverture à la franchise.

L'art de transmettre l'amour du produit

Au fur et à mesure de la multiplication des boutiques Paul à travers la France, Francis Holder se trouve vite confronté à un gros problème : comment s'assurer que son savoir faire ne va pas lui échapper, se diluer dans d'autres mains que les siennes ? « À l'époque, on donnait des recettes, et les boulangers interprétaient… plus ou moins. » L'entrepreneur lillois n'attendra pas d'implanter une trentaine de boutiques en France pour comprendre que le problème numéro un du développement repose sur les compétences du personnel en boutique, du boulanger en priorité. Il se met donc en quête de nouveaux employés, des jeunes de préférence, pour encadrer cette croissance, aider à la diffusion du process qualité. Il crée une fonction d'un genre inédit : les moniteurs. Ces hommes ont pour mission de diffuser la politique qualité et d'assurer le suivi du personnel dans les nouvelles boutiques. Les moniteurs ne doivent pas se contenter de former, ils doivent également se charger de faire remonter les informations terrain à Francis Holder.

Christian Raimbault, aujourd'hui directeur produit du groupe est l'un des premiers moniteurs à être recruté. À cette époque, en 1985, il est chef pâtissier dans la grande distribution (Rallye, à Boissy-Saint-Léger) où il commande régulièrement des flûtes au Paul du centre commercial. Il est loin d'imaginer qu'un groupe est en train de naître derrière la façade de cette petite boulangerie. Il est présenté à Francis Holder par l'intermédiaire de Jacques Lescault, alors directeur commercial et franchises de Paul. Le charme Holder opère immédiatement. Le chef pâtissier est séduit par le côté visionnaire du créateur, par son charisme, sa simplicité. « Il avait déjà son projet d'entreprise en tête. Il m'a parlé de développement en France, de filiales à l'étranger, d'école de formation… » Pas facile de résister au charme d'un passionné visionnaire qui possède une telle maîtrise du produit lorsqu'on démarre dans le métier ! Bien d'autres collaborateurs « subiront » le même sort que Christian Raimbault. Des fidèles des premières heures de Paul qui vivront tous l'autoritarisme, l'exigence et les coups de gueule du patron… et qui resteront plus de vingt ans à ses côtés.

Bien sûr, et même ses ennemis en conviennent, Francis Holder est un personnage séduisant, charismatique, attachant, mystérieux… mais aucune de ces facettes ne suffit à expliquer réellement la force d'attraction que ressentent ses premiers collaborateurs. Car Francis Holder charme d'abord par sa capacité à transmettre sa passion du produit. Cet homme n'est pas né manager, encore moins gestionnaire, et cela se sent. En revanche, il est né artisan. Il a la passion du détail, de la matière première et des gestes simples. Il a l'amour des choses bien faites, dussent-elles être fabriquées à l'envers des lois de la rentabilité ! Rien ne le prédisposant à encadrer des bataillons d'employés, il a dû apprendre le management de la manière la plus empirique qui soit. D'où ses maladresses au temps des difficultés de l'affaire industrielle. D'où cet autoritarisme, ces impatiences et cet arsenal de contraintes qu'il impose encore aujourd'hui à ses collaborateurs. Mais dès qu'il parle de ses produits, Francis Holder n'est plus le même que celui qui manage. Il devient son contraire. Entre le président en blouse blanche donnant ses ordres depuis son bureau au siège social de La Madeleine et l'entrepreneur racontant la préparation de son dernier gâteau au chocolat, il y a du Docteur Jekyll et Mister Hyde ! D'ailleurs, à force de le fréquenter, ses proches finissent tous par savoir que le véritable Francis Holder est bel et bien cet homme raffiné qui s'extasie comme un gosse en goûtant un nouveau croissant ou en racontant sa dernière recette de pain fantaisie.

Après six mois passés dans le Paul de Créteil, puis quelques mois dans celui du Forum des Halles de Paris, Christian Raimbault découvre la boulangerie de Lille, la maison mère. Là, il comprend rapidement les bienfaits de la mixité générationnelle pour le travail d'équipe. Pris en charge par José Guilbert, il apprend le métier de la boulangerie aux côtés d'André Bulliard, l'un des plus anciens boulangers de la maison Holder, « sans doute celui qui comprenait le mieux l'approche de Francis pour ce métier », précise Christian Raimbault. Formé de très près par les « anciens », le pâtissier s'imprègne rapidement des valeurs maison, tant sur le plan technique qu'historique. Il est mûr pour jouer le rôle que Francis Holder attend de lui et devient le deuxième moniteur de Paul, aux côtés de Jean Destombes qui s'occupe, lui, de la partie boulangerie. Suivant l'exemple de Christian Raimbault, les autres moniteurs feront leurs preuves sur le terrain. Cette règle qui s'appliquera systématiquement pour tout nouveau collaborateur ne sera jamais contournée, et surtout pas par les deux fils du patron.

Les moniteurs jouent également un rôle fondamental dans la propagation des recettes à l'ensemble du réseau. Le chef boulanger André Bulliard vient de fabriquer un nouveau style de baguette dans la boutique où il travaille en région parisienne. Il baptise cette recette « Flûte à l'ancienne » et la diffuse très rapidement aux autres Paul de la région. Pour autant, durant les premiers mois, la flûte reste un phénomène très parisien. Les petites baguettes ne sont quasiment pas vendues en province. Ce n'est que lorsque André Bulliard devient moniteur, à la fin des années 1980, qu'il peut enfin transmettre son savoir faire aux autres boulangers. Sans le savoir, à force d'expliquer sa recette de boulangerie en boulangerie, il divulgue à tous les boulangers Paul les secrets de fabrication du pain qui va devenir l'emblème du réseau, la marque de la réussite de l'entreprise. Aujourd'hui, sur les 13 000 pains Paul qui sont vendus en moyenne toutes les heures en France, 6 200 sont des flûtes ! « Un petit conflit avait eu lieu à propos de ce nouveau pain car Francis Holder voulait l'appeler “La Flamande” alors que nous nous étions tous mis d'accord pour le baptiser “Flûte à l'ancienne”. Une fois n'est pas coutume, il a fini par céder, en partie grâce à l'obstination d'André Bulliard », raconte Francis Verquin.

Sillonnant la France entière, les moniteurs inspectent les boutiques, expliquent la politique qualité du groupe. « Nous restions deux à trois jours minimum dans une boutique, une semaine maximum. C'était le temps nécessaire pour que le QFPS (Qualité Fabrication Service Propreté) soit parfaitement compris et intégré par l'équipe en place », explique Christian Raimbault. Les moniteurs accomplissent une mission pédagogique qui les conduit naturellement à accompagner l'ouverture de nouvelles boutiques. Témoins relais entre les visions de Francis Holder et la réalité du terrain, les moniteurs tentent d'appliquer à la lettre le message qu'ils ont reçu de l'entrepreneur. Ils sont particulièrement vigilants sur le niveau de l'esprit d'équipe qui règne dans chaque boutique. Le boulanger, la vendeuse, l'apprenti ou le responsable de la propreté, chacun doit travailler en interaction avec les autres, en cherchant à multiplier les passerelles entre son activité et celle des autres. Problème : cette exigence d'interaction n'existe que trop rarement. C'est à ce dysfonctionnement que les moniteurs doivent remédier en vitesse.

Pas plus d'une douzaine dans le groupe aujourd'hui, les moniteurs incarnent à eux seuls l'idée de cette promotion sociale si chère à Francis Holder. Dans le contexte des années 1980, puis 1990, tout le monde peut devenir moniteur, ou directeur de régions, voire réussir une carrière dans la direction du groupe. « S'ils suivent l'exemple des moniteurs, les apprentis boulangers finiront par devenir boulangers, puis chef boulangers. Et s'ils le désirent, ils pourront peut-être quitter leur fournil pour s'occuper de boutiques à l'étranger, ou rejoindre le groupe. » Sans parler de carriérisme, concept auquel il ne croit plus aujourd'hui dans le contexte des 35 heures, Francis Holder veut simplement rappeler qu'une bonne maîtrise du métier est la base de toute ascension sociale.

Favoriser l'émergence des « chefs naturels »

« Le début du management, c'est quand on ne peut plus assumer tout, tout seul. L'affaire a démarré avec un seul patron de boulangerie, puis des responsables ont commencé à s'émanciper, les boutiques se sont multipliées. Il a fallu songer à encadrer cet essaimage. Les responsables de zone sont apparus, puis les moniteurs, et les structures se sont mises en place, naturellement », souligne Francis Holder. À partir des années 1980, l'activité explose. Les boutiques ouvrent les unes après les autres. Les fondements de l'entreprise vont s'ériger en douceur. Sans décret. Simplement parce que des hommes en qui Francis Holder a confiance vont se charger d'encadrer un développement qui risque de lui échapper.

L'entrepreneur n'a pas besoin de faire appel à des chasseurs de tête ! Au gré de ses déplacements chez les fournisseurs ou les clients de la région, il rencontre beaucoup de jeunes gens. Certains lui plaisent et il n'y va pas par quatre chemins. Il leur fait part directement de son désir de les embaucher. « Je décelais assez facilement ceux qui allaient pouvoir m'aider. Il y a des critères qui ne trompent pas pour reconnaître le bon manager de demain : le courage, l'efficacité et une envie irrépressible de faire quelque chose. » Son premier collaborateur direct, celui dont l'arrivée marque les débuts du management n'est autre que son pire ennemi, le directeur des achats boulangerie du groupe Auchan. Son nom : Francis Verquin. Les deux hommes se sont croisés à plusieurs reprises par le passé, dans les années 1970. Et ce n'est pas étonnant si Francis Verquin s'en souvient mieux que Francis Holder ! La première fois, Francis Verquin était chef de rayon charcuterie chez Auchan lorsque le camion de livraison de Moulin Bleu avait percuté la porte du supermarché, cassant du même coup un « splendide » bananier de plus de cent euros. « J'étais toujours chez Auchan la deuxième fois que je l'ai vu. Il était venu livrer des bûches de Noël. Il y en avait de toutes les tailles, des petites, des grosses, certaines avec du beurre, d'autres avec de la margarine. Quant aux tarifs, ils variaient de un à quatre. C'était n'importe quoi », se souvient Francis Verquin. Il a eu affaire à lui une autre fois, pour une histoire d'impayé. « Francis Holder me harcelait depuis plusieurs semaines au sujet d'une facture que la direction des achats d'Auchan n'avait toujours pas honorée. Il s'est avéré que nous n'avions jamais reçu cette facture ! Je suis allé le voir dans son entreprise et j'ai eu la confirmation qu'elle n'avait jamais été éditée. On s'est sacrément engueulé ce jour-là. »

Entre-temps, Francis Verquin est devenu le responsable des achats boulangerie des hypermarchés Auchan : il s'arrange pour éjecter Francis Holder de l'enseigne créée par Gérard Mulliez. Le boulanger vit d'autant plus mal ce revers que le marché de la boulangerie industrielle de l'époque connaît une concurrence terrible. Francis Verquin s'est rapproché de Blé Or (ex-Indépendante, l'entreprise de Jean-Luc Bret), le concurrent frontal de Moulin Bleu et a organisé la mise en place de boulangeries à l'intérieur des magasins Auchan. Francis Holder mettra du temps à digérer ce coup dur. Très longtemps. Mais les deux hommes travaillent tous deux sur le même segment de marché. C'est un petit milieu et ils sont « condamnés » à se fréquenter. À force de se croiser, ils finissent par sympathiser. Il faut dire qu'ils ont au moins trois point communs : la passion du produit, l'envie de percer sur un même marché et un caractère de chien. Tout en apprivoisant son concurrent, Francis Verquin décèle tout de même quelque chose chez ce type un brin illuminé et obsédé par le développement. Curieusement, ils se retrouvent presque toujours par hasard, et c'est au cours d'une grève d'Air Inter qui les bloque à l'aéroport de Lyon que leurs destins professionnels vont finalement se rejoindre. C'est dans cette voiture de location qui les ramène à Lille que les deux Francis envisagent sérieusement de travailler ensemble. Francis Verquin ne s'entend plus bien avec son patron, le directeur des achats produits frais. Et même si Auchan est sur sa lancée (l'enseigne compte déjà une dizaine d'hypermarchés), il est sûr d'avoir un plus large éventail d'actions dans une petite structure comme Paul.

Entré comme chef de produit, il devient le premier directeur d'exploitation de l'entreprise. Pragmatique, sérieux, peu fantaisiste, Francis Verquin est l'alter ego de l'autre Francis. Gestionnaire dans l'âme, c'est lui qui va mettre de l'ordre dans le réseau de boutiques que le boulanger développe à une vitesse phénoménale. Et contrairement au boulanger, il n'a aucun état d'âme. Il a été formé à l'école de la grande distribution et ne fait pas dans la dentelle : en moins d'un an, il a déjà licencié treize personnes, « pour vol qualifié dans les caisses », précise-t-il. S'inspirant de son expérience dans une entreprise beaucoup plus structurée, il instaure des grilles salariales, fixe des règles de temps de travail communes, bref instaure une organisation sociale. Dans la foulée, il met en place une structure de caisse homogène et stricte sur l'ensemble du réseau, rompant clairement avec l'ancien système pour le moins libertaire qui permettait, par exemple, au responsable de piocher dans la caisse pour effectuer de microachats. Dans ces années 1980, Francis Holder se préoccupe bien plus de son développement que de la rigueur. Il laisse Francis Verquin s'en charger. Son « second » est omniprésent dans les boutiques, vérifie les comptes, contrôle les achats. Il s'occupe du quotidien et il n'est pas rare qu'il doive s'occuper de boutiques dans lesquelles Francis Holder n'a jamais mis les pieds depuis leur inauguration. « Il y en avait tellement ! Dès qu'il en avait ouvert une, il ne pensait qu'aux suivantes à ouvrir », se souvient Francis Verquin.

Les structures de l'entreprise ne cessent d'évoluer et les collaborateurs en place sont amenés à prendre de plus en plus de responsabilités. Ceux qui ont le goût du mouvement et n'ont pas peur de se remettre en question vont en profiter. Les autres ne vont jamais décoller. Car Francis Holder fonctionne au mérite, non à l'ancienneté. Il encourage seulement les meilleurs. Comme il a l'avantage d'être très présent aux côtés de son personnel, il connaît bien les motivations de ses employés. Certains parmi ses collaborateurs de la première heure vont même chercher à aller plus vite que la musique. Ils vont tenter de bousculer la hiérarchie, essayer de surprendre le chef. Loin de les bloquer, Francis

Holder va les laisser faire. Car l'entrepreneur a un côté latin assez prononcé. Il se montre volontiers chaleureux, apprécie taquiner et faire du rentre dedans à ses collaborateurs. Comme tout séducteur, un brin joueur, il apprécie particulièrement tous ceux qui savent faire preuve de caractère et parviennent à imposer leurs qualités sans se laisser faire. C'est le cas de Régine Vercoutter qui arrive à vingt-six ans dans l'entreprise pour occuper le poste d'assistante du directeur administratif. Sérieuse et professionnelle, elle se penche très vite sur les dossiers les plus délicats, impose sa réactivité et son expertise autour d'elle. Comme elle n'a pas peur de bousculer l'ordre établi, il ne lui faut pas plus de quelques mois pour remplacer ce supérieur hiérarchique qui n'a pas les mêmes méthodes de travail qu'elle. Elle impose au patron une approche plus rigoureuse de l'organisation administrative et comptable, n'hésitant pas à entrer en conflit avec lui. Surprise, Francis Holder accepte les nouvelles méthodes de la jeune comptable. « Je me souviens en avoir parlé à ma femme. Lorsque je lui ai dit que Régine Vercoutter était devenue notre directeur financier, elle ne m'a pas cru. » Devenue l'un des piliers du groupe Holder, Régine Vercoutter occupe toujours ce poste aujourd'hui.

Même s'il reconnaît avoir mis en place un management dictatorial qui n'incite guère les divergences de vues, il supporte de moins en moins ces réunions au cours desquelles tous ses fidèles lieutenants hochent la tête sans même qu'il ait terminé ses phrases. Il apprécie ceux qui forcent le destin. Encore faut-il que la manière soit élégante et appropriée. Et puis, cette épreuve de force reste une excellente manière de jauger le potentiel d'un candidat à une promotion.

En tant qu'ancien apprenti, Francis Holder sait bien que la valeur des hommes se révèle sur le terrain, pas sur un CV. Il apprend à se montrer moins hostile face aux candidats bardés de diplômes, mais demeure toujours méfiant devant ces jeunes gens qui ne viennent pas du même univers que le sien. Dans ses débuts de l'organisation, l'entrepreneur éprouve un besoin pressent d'être soutenu de manière concrète et rapide dans les tâches qu'il ne peut plus accomplir seul. C'est pourquoi il fait confiance aux hommes et aux femmes qui se trouvent à ses côtés, des employés en qui il a déjà décelé un fort potentiel, et qui lui ont déjà fait preuve de fidélité. Il ne se pose pas la question d'aller chercher des cadres à l'extérieur : il préfère laisser les personnes qu'il connaît bien devenir les futurs cadres de l'entreprise, et ce même si elles sont moins qualifiées.

L'émergence de la directrice financière dans l'entreprise est révélatrice des prises de pouvoir qui vont suivre. Douces ou brutales, rapides ou laborieuses, ces ascensions sociales seront toujours contrôlées par Francis Holder, sans que les intéressés s'en rendent forcément compte. Dans la série des promotions en douceur, celle de Pierre Darme au début des années 1990, est assez significative. « Il était dessinateur chez nous. Un jour, je lui ai demandé de prendre la direction de l'ingénierie. Il m'a dit qu'il ne pensait pas en être capable. C'était un bon signe ! En général, ceux qui rechignent à une promotion importante sont souvent les plus capables car ils se rendent compte des difficultés qu'ils vont devoir gérer. » De même, l'émergence de son fils aîné David se déroule dans le calme. « Il a hérité du caractère tempéré de sa mère. Il a pris le pouvoir en s'organisant, calmement. » Ce jeune étudiant brillant a eu son bac avec mention à seize ans. Sorti de Dauphine à vingt ans, un diplôme de contrôle de gestion et finances en poche, il va devoir prouver ses compétences de manager à son père. Non pas en lui montrant son aptitude à établir des tableaux de bord, mais en s'engageant très concrètement, sur le terrain, en prenant des décisions difficiles et risquées. S'il prend le pouvoir dans le calme, David Holder ne va pas émerger sans engager de sérieux rapports de force avec son père. Compte tenu de la mainmise que Francis Holder a sur son entreprise, les choses ne peuvent d'ailleurs se passer autrement. C'est ensuite au tour du frère cadet, Maxime, de s'imposer. Titulaire d'une maîtrise de droit et diplômé de Science-Po, Maxime prend une attitude inverse. Certes, il s'imposera par la force, comme son frère aîné, mais par la violence, n'hésitant pas à provoquer des crises avec son père. « Il a le même caractère que moi. Il n'a pas pu faire autrement que de vouloir s'imposer de façon dictatoriale. Il fallait que ce soit un scénario du type "le fils tue le père", ou "j'arrive, tu t'en vas" », explique Francis Holder.

Peu à peu, Francis Holder apprend à travailler avec ces nouveaux chefs à qui il laisse des petits morceaux de pouvoir. Habitué à manager seul aux commandes, sans aucun intermédiaire, il apprend à travailler avec ces capitaines et lieutenants, souvent plus jeunes que lui. Il va en ressortir enrichi. Après Francis Verquin, et Régine Verkouter dans les premières années, puis ses fils dans les années 1990, c'est maintenant au tour des cadres de l'extérieur de rejoindre le cercle des chefs. Absolument inconcevable dans l'esprit du patron il y a encore dix ans, l'embauche de ces managers dépend quasi exclusivement de leur capacité à démontrer leur intérêt pour le projet d'entreprise. Il leur faut également surprendre Francis Holder, anticiper ses besoins et surtout, le plus important, et le plus difficile, le rassurer dans l'abandon de ses responsabilités. Si ces nouveaux managers veulent convaincre le chef d'entreprise, ils n'ont pas d'autres alternatives que de se conduire eux-mêmes en patron. C'est ce qu'a su faire Jacques Renault. L'ancien patron des boulangeries McDonald's est l'un des derniers capitaines du groupe à avoir été recrutés à l'extérieur. Il est aussi le premier à avoir pris un poste clé, une fonction très sensible jusqu'à présent réservée à Francis Holder. Rompu à la technique américaine chez McDonald's où il produisait environ 1 900 000 petits pains (*buns*) par jour, il n'a pas été au garde à vous devant Francis Holder. Il lui a même annoncé la couleur au cours du deuxième entretien. « Il m'a dit qu'on pourrait se voir au début si j'en avais envie, discuter des choses que je pouvais attendre de lui, etc. mais à la seule condition que je lui foute la paix par la suite ! Moi j'aime bien les gens qui me parlent de cette manière, des types qui montrent ce qui doit être fait, qui exposent clairement les objectifs et qui se démerdent tout seuls. C'est un vrai boss, il va gérer les trois usines et peut-être la quatrième qui va se monter sur l'ancien site de Thales, à Marcq-en-Barœul. Il va prendre la logistique et le commercial. »

LE LEADER MODERNE

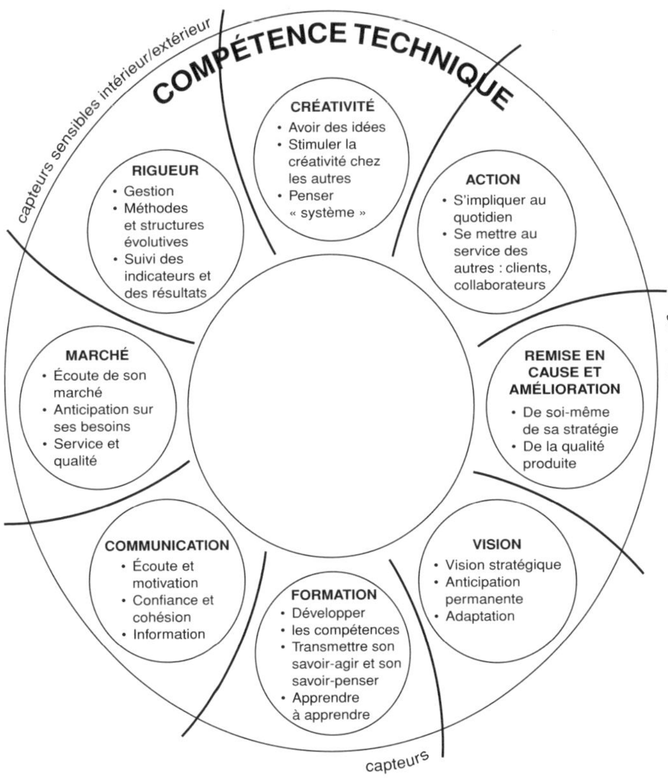

D'après Meryem LE SAGET, *Le Manager intuitif*, Dunod, 2003.

5 Une idée en or

Rester fidèle à son produit envers et contre tous : la remontée en culture

Francis Holder est amoureux… de son produit. Cet amour inconditionnel du pain est sans doute l'une des premières vertus de l'entrepreneur, la cause première de sa réussite. C'est en son nom qu'il prend la plupart de ses décisions stratégiques. Dans les premières années de Paul bien sûr, mais encore aujourd'hui. Lorsqu'il imagine la fabrication d'un nouveau pain ou qu'il réfléchit à l'amélioration d'une brioche, sa première question n'est jamais de savoir combien cela va coûter à l'entreprise. Rien ne doit barrer la route du process qualité. Il faut d'abord parvenir à concevoir le produit parfait, celui qui correspond totalement à ses goûts. Ce n'est qu'ensuite que l'entrepreneur se penche sur la question des frais induits. Il procède à une maximisation sous contrainte budgétaire dès que la recette est trouvée, pas avant. Tout part de la qualité : c'est elle qui induit le résultat, et c'est à partir du résultat qu'elle sera améliorée. C'est ainsi à partir de cette foi inébranlable dans la qualité du produit que se mettra en place le cercle vertueux de la réussite de Paul.

Preuve de sa passion pour le produit, Francis Holder crée au début des années 1990 l'un des clubs les plus « selects » de la région lilloise. Seuls quelques membres en font partie. Toute invitation est évidemment hors de question (aucun membre n'y a d'ailleurs jamais songé). Ce cercle se réunit tous les quinze jours... dans un coin de l'entreprise, au siège de La Madeleine. On n'y cause pas stratégie, encore moins politique, mais produits. Francis Holder mène les débats, en présence de son fils Maxime, directeur général de Paul, de Christian Raimbault, directeur des produits et du tandem fétiche de la Recherche, Développement et Audit (RD&A) : le responsable Jean-Marie Robin (chef boulanger) et Manuel Da Silva (chef pâtissier). La coutume veut que Francis Holder donne toujours son avis en dernier au cas où, sait-on jamais, son opinion influence le goût des autres participants ! Ces réunions ont lieu soit pour tester de nouveaux produits soit pour procéder à une dégustation finale concernant des produits préalablement testés.

Lorsque Francis Holder en a eu assez des pains blancs uniformes et sans saveur et qu'il a décidé un jour de refaire ce pain confectionné par ses aïeux, il s'est accroché à cette idée. Il n'en a jamais décroché depuis. Pas une fois. Cette volonté de retrouver le goût, de recréer la qualité du produit en a bluffé plus d'un dans le cercle des sceptiques des années 1970. Tous ont reconnu à Francis Holder le mérite d'avoir cru jusqu'au bout à cette qualité. Son ami et ancien concurrent Jean-Luc Bret a été l'un des premiers à être impressionné par cette volonté du retour au goût. Lui qui s'oriente début 1970 vers la viennoiserie sous une forme résolument industrielle ne croit pas au retournement de tendance de la boulangerie. « Je ne pensais pas que le pain reprendrait un jour une telle place dans les habitudes alimentaires des Français. Il me semblait impensable qu'il puisse retrouver un tel degré de qualité et de diversité. Je pensais plutôt que la boulangerie prendrait la direction inverse, en s'ancrant de plus en plus dans un fonctionnement industriel à l'américaine : rentabilité, conformisme et perte de goût. » Car le pain va non seulement retrouver sa place aux repas traditionnels (petit déjeuner, déjeuner et dîner) mais il va également s'imposer comme l'aliment vedette de la journée. Jean-Luc Bret est d'autant plus admiratif devant la ténacité de Francis Holder qu'il sait combien la boulangerie est un métier compliqué. « Contrairement à la viennoiserie qui se prête plutôt bien à l'industrialisation, la boulangerie demeure un métier 100 % artisanal. Il faut composer avec la personnalité de chaque boulanger. En plus, le pain est un produit compliqué à fabriquer du fait qu'il ne contient pas de matières grasses. Quant à sa décongélation, elle demeure très délicate. »

Francis Holder se sent à l'aise parmi ses produits. Entre deux rendez-vous, dans une boulangerie Paul, il ne peut s'empêcher d'aller voir les produits mis en vente, de les prendre, de les observer et de les toucher. Il a besoin de ce rapport tactile avec eux. Et dès qu'il repère le moindre petit défaut, voilà l'instinct du chef de bande qui reprend le dessus. Le volcan s'enflamme, les vendeuses sont pétrifiées et le responsable de la boutique ouvre grandes ses oreilles ! Il ne faut pas voir dans cette attitude une envie de tout contrôler, une manie de l'inspection systématique ou un désir de chercher la petite bête à tout prix. Ce n'est absolument pas le genre de l'entrepreneur. En fait, Francis Holder se sent tellement proche de ses produits qu'il ne peut pas s'empêcher d'y rechercher la perfection, dans les moindres contours. Et dans ce domaine, sa curiosité s'avère sans limite. C'est pour cette raison aussi qu'il apprécie autant le contact avec les professionnels du métier. Il ne peut s'empêcher de passer du temps avec eux pour parler de tel ou tel aspect technique de cette profession qu'il connaît si bien. Il aime discuter avec les boulangers bien sûr, mais aussi avec les pâtissiers qu'il a appris à mieux connaître à partir des années 1970.

Au fil du développement de Paul, Francis Holder gardera toujours cet attachement au produit. Tout en restant très vigilant sur la qualité de ce qu'il fabrique, il va parvenir à s'ouvrir aux idées de développement des uns et des autres, de ses fils en particulier. Les choses se compliqueront à partir de l'année 2000 avec l'instauration d'un nouveau management résolument tourné vers l'avenir. Si la qualité du pain Paul a propulsé l'entreprise dans les années 1980 et 1990, elle ne pourra sans doute plus s'analyser de la même manière avec le boom de la franchise et l'internationalisation. Francis Holder aura peur de ces changements. Mais il parviendra à les comprendre, à les intégrer puis à les dépasser. S'il déléguera des pans entiers de pouvoirs à partir de 2000, jamais de son vivant il ne laissera quelqu'un d'autre que lui contrôler le sacro-saint produit. D'ailleurs, s'il devait lui rester une seule attribution, ce serait bien celle là. La RD&A, la formation et le contrôle de la qualité constituent pour lui le tabernacle de l'entreprise.

Début 1980, presque dix années ont passé depuis que Francis Holder refait du pain à l'ancienne. Pour autant, le boulanger n'est toujours pas complètement satisfait de la qualité de ses produits. La cause ? La matière première. Il se rend compte qu'il est difficile de fabriquer un pain à l'ancienne avec les farines qu'on lui livre. Il lui faut des céréales sur mesure, du blé correspondant exactement au pain qu'il a envie de faire. Le temps qu'il mène cette réflexion, qu'il l'intègre dans ses process de production et qu'il l'applique à l'ensemble de son réseau, huit années vont s'écouler. « Il y avait eu un dérapage total. La grande distribution et l'industrialisation du métier avaient provoqué la chute des prix. Et plus les prix baissaient, plus les boulangers devaient automatiser, réduire leurs coûts d'approvisionnement et produire davantage. Il a fallu pousser les cultures à fond la caisse. Résultat : on ne trouvait plus de blé de qualité nulle part. »

Francis Holder a une idée et sa première démarche consiste tout simplement à aller en parler à l'un de ses amis meuniers. Le projet du boulanger lui paraît complètement délirant dans le contexte économique de l'époque. Non seulement il veut faire du pain à partir d'un blé rustique, mais en plus il veut travailler avec une seule et unique variété de céréales, alors que l'usage communément admis dans la profession prévoit le mélange des blés. La réponse de son ami est directe : « Ne nous prends pas la tête avec tes âneries, fais ton métier, nous, on fera le nôtre ! »

Francis Holder n'abandonne pas. Il tente de faire passer son message aux meuniers de la région. L'approche se révèle pour le moins délicate : il a l'impression de parler aux murs. Pire, il se fait carrément railler. Il s'énerve plus d'une fois. Il demande aux meuniers s'ils sont récemment entrés dans une boulangerie, s'ils se rendent bien compte de la qualité du pain qu'on y trouve. Rien n'y fait. La seule personne à le soutenir s'appelle Martine Tartar. La jeune femme dirige la société Artésienne de Minoterie. Cette entreprise meunière depuis quatre générations dans le Pas-de-Calais figure parmi les fournisseurs de Francis Holder. « Je lui ai expliqué mes fantasmes et elle m'a suivie ! » plaisante le patron. Contre toute attente, Martine Tartar croit aux idées de Francis Holder. Comme elle voit bien qu'il n'a aucune chance de réussir à convaincre qui que ce soit dans la filière, elle lui donne un coup de main. « Je me souviens qu'il allait voir les meuniers avec son vieux catalogue Vilmorin des années 1930 en leur demandant naïvement de choisir une variété parmi celles qui figuraient dans la brochure. Pas étonnant qu'ils se soient moqués de lui ! À cette époque, on ne pensait qu'à cultiver des blés ultraproductifs et, lui, demandait à revenir cinquante ans en arrière. C'est comme s'il avait fallu subitement passer de la culture de bêtes de courses au cheval de labour », raconte la meunière.

Martine Tartar lui suggère une variété de blé correspondant à ses attentes : le Camp Rémy. Tous deux remontent la filière à la rencontre des cultivateurs. Ces derniers ne se montrent pas hostiles à leur idée, sauf que le blé auquel Martine Tartar a pensé possède un rendement 30 % inférieur aux blés que tous les cultivateurs utilisent à ce moment. En moyenne, le Camp Rémy donne 80 quintaux à l'hectare là où les autres blés rendent environ 105 quintaux. Les agriculteurs sont d'accord pour semer ce que désire le boulanger, mais à condition de ne pas perdre d'argent. C'est là que l'entrepreneur prend une initiative complètement folle : il accepte de leur payer la différence de rendement ! Martine Tartar trouve le bon partenaire en la personne de Benoît Dewas, le directeur de la coopérative de Rosières. Sa mission est délicate car le Camp Rémy qui était très répandu autrefois dans la région a aujourd'hui quasiment disparu. Il n'en existe plus nulle part. Benoît Dewas a l'idée de remonter à l'origine de ce blé, au village de Camp Rémy, situé à quelques kilomètres au nord de Beauvais. « Nous avons pu obtenir sept ou huit quintaux que nous avons plantés immédiatement. » Manque de chance, la première mise en culture a lieu durant une année de blé germé particulièrement mauvaise. « Tous les autres meuniers de la région étaient morts de rire. Ils étaient persuadés que j'allais me planter, que j'aurais mieux fait de m'abstenir de suivre ce fou de Holder ! Ils ont vite arrêté de rigoler… », s'amuse Martine Tartar. L'année suivante, la coopérative de Rosières parvient à tirer 200 à 300 quintaux, une quantité à peine suffisante pour la production annuelle de deux boulangeries. La troisième année, la récolte permet d'approvisionner toutes les boulangeries Paul de la région lilloise. Le pari est gagné : d'année en année, la production parvient à couvrir les besoins du Nord, puis de Paris.

La farine blanche T55 Camp Rémy devient la matière première utilisée pour la plupart des pains Paul. Issue d'une variété de blé tendre d'hiver, elle garantit la présence du germe de blé dans sa mouture et améliore la qualité et le goût du pain. Le Camp Rémy possède une capacité d'hydratation plus importante que la moyenne. Pour le pétrissage de 100 kilos de farine, le boulanger doit rajouter 68 litres d'eau contre 60 pour les autres farines. « Cela donne un aspect liquide à la pâte. Moins solide, moins modelable, plus collante, elle est plus difficile à travailler », précise

Francis Holder. Il faut donc bien maîtriser les techniques de la fabrication à l'ancienne pour arriver à tirer quelque chose de cette pâte. Le boulanger s'en donne à cœur joie ! Il peut enfin réalise le pain que fabriquait son père. Ses techniques de production artisanales s'expriment pleinement. Rarement dans sa carrière de boulanger, il n'aura l'occasion d'éprouver autant de plaisir à créer de nouveaux pains et à inventer de nouvelles saveurs qu'à ce moment-là. Il entreprend de multiples déclinaisons de son pain : Pistolet, Paulette, Faluche, Ficelle, Flûte, Chapata, Epi, Couronne et Polka. Il imagine également des garnitures différentes : graines de sésame, pavot, olives, noix et même lardons ou oignons. Au total, il va décliner 42 recettes différentes à partir de la recette originelle.

Plus qu'un fournisseur ou une simple conseillère, Martine Tartar se révèle une véritable partenaire pour Francis Holder. Elle prend des initiatives auxquelles le boulanger n'aurait pas pu penser et supervise le contrôle de la production en amont du moulin. Elle impose notamment l'utilisation de tables densimétriques lors des récoltes. Cette méthode consiste à trier les blés par leur densité pour en écarter les semences germées. C'est dans la région du Santerre, région très riche en limon, que le blé choisi par les deux partenaires donne le meilleur de lui même. C'est donc dans cette région qu'ils vont chercher de nouveaux négociants et coopératives. Les coopératives Corbie, Crécy en Ponthieu, Chaulnes et Levesque suivent l'exemple de

Rosières et démarrent leur partenariat avec la Société Artésienne de Minoterie. Ces coopératives qui connaissent bien la meunière jouent le jeu et prennent le risque de s'engager sur ce micro marché d'une culture à faible rendement. Elles signent les contrats qu'elle a élaborés en concertation avec Francis Holder et s'engagent à assurer un approvisionnement régulier et tracé de leurs blés. Le cahier des charges stipule un suivi cultural particulièrement rigoureux : liste des produits homologués et des parcelles emblavées, semences certifiées, contrôle des fongicides, vérification des fumures du sol, protections phytosanitaires, rejet des boues de station d'épuration sur les parcelles emblavées, etc. Martine Tartar exige qu'un audit extérieur vienne compléter ce suivi. « Au début, je l'effectuais moi-même mais, depuis quelques années, j'ai demandé à l'organisme Qualité France de s'en occuper. Ils contrôlent les agriculteurs et auditent le moulin en vérifiant notamment les suivis des blés, la traçabilité des formulations, l'hygiène et la sécurité. » Baptisé « le club des cinq » par Martine Tartar, les coopératives Corbie, Crécy, Chaulnes, Levesque et Rosières acceptent toutes d'imposer l'utilisation des tables densimétriques à leurs cultivateurs. « Le Camp Rémy n'est pas un blé très performant. Ni hâtif, ni tardif, il n'est pas trop sujet à la germination. Pour autant, cette méthode nous permet d'écarter 5 à 10 % de blé germé à chacune des récoltes. »

La meunière traduit les désirs de Francis Holder et les fait appliquer sur le terrain. Elle sert d'intermédiaire entre les exigences du boulanger et les agriculteurs céréaliers. « Je voulais que les récoltes aient lieu à la date où nous le décidions et pas uniquement lorsque les cultivateurs recevaient leur moissonneuse-batteuse. Idem pour les meuniers, j'ai exigé qu'ils travaillent le grain à ma manière, c'est-à-dire à faible vitesse pour ne pas stresser la farine. J'ai également insisté pour qu'ils donnent un plancher de trois semaines minimum à leur farine », raconte Francis Holder. Ses exigences sont toujours les mêmes aujourd'hui. Il faut que les livraisons de blé soient analysées avant chaque mouture, que les blés Paul soient stockés dans des cellules réservées et que les germes de blé apparaissent dans la mouture. Et naturellement, il est toujours hors de question d'ajouter le moindre additif de panification dans la farine !

Aujourd'hui, Paul fait travailler plus de 300 agriculteurs. Tous ont été sélectionnés selon la même démarche menée conjointement par Francis Holder et Martine Tartar. Compte tenu du développement du réseau, la meunière n'est évidemment plus la seule à fournir du blé à Paul. Elle se cantonne essentiellement à approvisionner la société pour ses besoins dans le Nord et pour Moulin Bleu. Au total, sept meuniers collaborent aujourd'hui avec Paul. Tous ont signé le cahier des charges et acceptent de moudre plus de 180 000 quintaux de blé (en 2003) pour le boulanger lillois. Les cinq coopératives du départ ne sont plus non plus toutes seules. D'autres coopératives situées dans le Cher ou dans la Beauce sont venues rejoindre la filière de l'agriculture raisonnée du Camp Rémy. Suivant les régions, la moisson de ce blé a lieu entre la mi-juillet et la mi-août.

Comme en 1972, Francis Holder rencontre à nouveau des résistances en interne. Francis Verquin, son plus proche collaborateur en cette fin des années 1980, n'est pas du tout d'accord avec le choix de cette remontée en culture. Non seulement son coût est énorme pour l'entreprise, mais il ne s'inscrit pas dans la tendance du marché. Pour lui, seule compte l'industrialisation. « J'avais beau m'évertuer à lui expliquer, rien ne passait. Il faisait un blocage complet. En tant que directeur de l'exploitation à l'époque, ses réticences devenaient dangereuses. Comme il n'était plus d'accord avec le développement que je voulais impulser à l'entreprise, il fallait qu'il change de poste. C'est à ce moment précis que je lui ai confié toute la partie industrielle. »

Dans la deuxième moitié des années 1990, la plupart des professionnels de la meunerie française vont constater le succès du pain à l'ancienne et la multiplication des boulangeries imitant le modèle Paul. Ils comprennent qu'il s'agit d'autre chose qu'un simple phénomène de mode et vont s'engouffrer à leur tour dans la brèche ouverte par Francis Holder. Après leur blé lambda, ils vont se mettre à fabriquer des farines plus sophistiquées, en vue d'élaborer des pains de meilleure qualité, enfin décidés à participer à l'accroissement de la valeur ajoutée du produit fini ! C'est à ce moment que le meunier qui avait envoyé promener Francis Holder huit ans auparavant revient le voir : « Il était très enthousiaste et m'a proposé de créer une appellation contrôlée pour la production du blé. C'est ça le marketing ! Cette anecdote me fait penser au sel de Guérande. Cela fait des centaines d'années que des gens ramassent ce sel, à la main, en suivant les mêmes coutumes et du jour au lendemain, il a suffi qu'un petit génie arrive avec des sachets de sel sur lesquels il avait écrit “Garantie sel de Guérande” pour qu'un business soit créé ! »

Francis Holder va jusqu'à créer une collection de plus de 144 sortes de pains. Tous sont évidemment garantis sans additif, ni conservateur. Cette large palette de goûts, de sensations et de textures va contribuer à la réputation de la marque. Le pain de campagne est fabriqué avec de la farine de blé T80 écrasée à la meule, de la farine de seigle, du sel et du levain. Ce pain rustique à la mie bise (non blanche) et alvéolée se distingue des autres par sa petite pointe d'acidité. Le pain complet est réalisé à base de farine intégrale, une farine obtenue par l'écrasement de l'intégralité du grain de blé. « La mouture de ce pain contient tous les éléments nutritifs et bienfaisants du grain de blé : le son, l'amande farineuse et le germe de blé, ce qui lui confère une force énergétique très importante et un goût rugueux d'écorce de blé. » Le pain de seigle se compose à 80 % de seigle. Ce pain rustique au goût épicé, corsé et légèrement acidulé est fabriqué à partir d'une farine de seigle complète, de levain et d'un peu de levure. De son côté, le pain aux six céréales et aux trois graines va devenir la vedette de l'enseigne. Outre le Camp Rémy, il contient de la farine multicéréales (seigle, orge, avoine, maïs, blé dur, blé tendre, graines de millet, lin et sésame décortiqués). Son pétrissage est plus lent que pour les autres pains, sa fermentation aussi. Le pain de mie est, lui aussi, fabriqué à partir de farine blanche T55 Camp Rémy (plus du lait, du beurre, du sucre, de sel et de la levure). Contrairement à son cousin anglais, ce pain de mie se caractérise par son goût, sa mince croûte dorée et sa mie moelleuse renfermant des saveurs briochées assez prononcées. La fougasse est elle aussi fabriquée selon la méthode du pain Paul ainsi que le Chapata, pain souple à l'arôme plutôt délicat. L'un des pains les plus célèbres de Paul, le Polka, se distingue quant à lui par sa mie bien alvéolée et son goût de noisettes. Enfin, le pain bio, à la mie charnue et moelleuse, au goût légèrement acide est fabriqué à partir d'un blé issu de l'agriculture biologique qui n'utilise ni engrais ni pesticides.

Sans avoir aucune notion marketing, Francis Holder va dans le sens du marché. Dès qu'il constate l'engouement des consommateurs pour ses produits rustiques et de fantaisie, il décline tous ses pains en version individuelle : petits pains, ronds, longs ou épis, nature, au pavot, au sésame, aux olives, aux raisins, aux noisettes et aux raisins, aux six céréales, au seigle, polka… Cette nouvelle collection a pour but de séduire encore plus des consommateurs en quête d'innovation et d'originalité. Elle se prête également aux attentes des restaurateurs, des hôteliers et des autres clients professionnels du boulanger. Le boulanger est en effet l'un des premiers à saisir ce nouvel attrait des Français pour le pain qu'ils achètent pour accompagner leurs repas, bien sûr, mais aussi pour se faire plaisir. L'achat du pain devient un acte impulsif. Petit-déjeuner, grignotage rapide, pause gourmande, apéritif, dîner raffiné, encas énergétique, goûter équilibré, le pain est redevenu un produit vedette. Francis Holder qui a largement contribué au mouvement va l'accélérer un peu plus en s'efforçant d'inventer sans cesse de nouvelles façons de consommer du pain. Il lui faut des nouveaux prétextes de gourmandise. C'est pour s'adapter aux nouvelles habitudes alimentaires, c'est-à-dire pour répondre aux attentes de pains de tailles et aux formes variées qu'il invente les Benoîtons. Petits bâtonnets croustillants à la fois rustiques et raffinés, les Benoîtons couvrent à eux seuls la palette complète des saveurs de Paul. Salés ou sucrés, ils offrent une réponse ludique à toutes les envies des consommateurs. Ils se déclinent en huit saveurs : pain complet aux abricots, dattes, figues et raisins, pain complet, raisins, noisettes et cannelle, pain aux six céréales et aux figues, pain de mie aux raisins, pain de campagne à l'abricot, pain à l'huile, olives vertes et noires, pain Paul au fromage, pain Paul aux lardons. Parmi les 13 000 pains vendus toutes les heures dans les boutiques Paul, la flûte demeure encore le produit le plus demandé, et de loin, puisqu'il s'en vend plus de 6 200 par heure. Mais le pain fantaisie gagne chaque année un peu plus de place dans les ventes. En 2003, il s'en vendait plus de 18 millions par an, contre 34,7 millions de pains rustiques.

L'obsession de la qualité de Francis Holder se retrouve aussi dans le choix des ingrédients utilisés tant pour la boulangerie, la pâtisserie que pour la partie traiteur. Les sandwichs sont confectionnés avec des salades fraîches (batavia, frisée et feuille de chêne) lavées à la main par le personnel des boutiques. Ces dernières s'approvisionnent toutes chez le même légumier primeur. La sauce vinaigrette est elle aussi commandée à un prestataire de services culinaires unique qui s'occupe de la préparer selon une recette précise élaborée par l'entreprise nordiste. Idem pour les olives, dénoyautées et assaisonnées selon les règles fixées par Francis Holder. De manière générale, les fournisseurs de Paul s'inscrivent tous depuis longtemps dans une logique de qualité et de traçabilité de leurs produits. Au cas par cas, n'hésitant pas à réétudier les contrats, le boulanger leur a demandé de s'adapter à ses propres exigences de qualité, ou de rentabilité. C'est le cas pour les jambons et le beurre qu'il achète à Madrange, Aoste et Président. Ces marques ont toutes accepté de prétrancher leurs produits selon les critères du boulanger. Côté viennoiserie et pâtisserie, les pommes Boskoop que Moulin Bleu achète pour ses garnitures (chaussons, tartes…) proviennent toutes du même endroit et sont cultivées sur des vergers non irrigués selon les souhaits de Francis Holder. « C'est le seul moyen de garantir leur goût acidulé et d'éviter qu'elles soient gorgées d'eau. » De son côté, le chocolat provient d'entreprises prestigieuses comme Valrhona ou Barry Callebaut. Quant aux préparations à base d'amande (frangipane), elles proviennent soit de Californie, soit d'Espagne et sont toutes garanties « pure fruit de l'amandier » (et ne proviennent pas d'un concassage de noyau d'abricot comme c'est souvent le cas).

L'exigence de qualité façon Holder s'exprime aussi par la diffusion d'un cahier des charges très strict dans l'ensemble de son réseau. Pour ce faire, il charge la cellule Recherche, Développement et Audit (RD&A) d'élaborer des fiches techniques très précises. Celles-ci ne concernent pas seulement les recettes des produits mais aussi l'univers de préparation. De la position exacte du four aux types d'ustensiles de cuisine à manipuler en passant par les tenues à revêtir, aucun détail n'est épargné. Francis Holder contrôle la diffusion de cette charte qualité d'un œil très soucieux car il sait bien que la rigueur la plus dure ne suffirait pas à empêcher de voir apparaître de petites différences d'une boulangerie à une autre. « Que l'on se trouve à Marseille ou à Bordeaux, il y a toujours un détail de trop, un petit geste en moins qui provoque un décalage. La boulangerie n'est pas encore une science exacte », confirme Manuel Da Silva, responsable pâtissier du groupe.

LA CERTIFICATION

Les trois piliers de la politique qualité

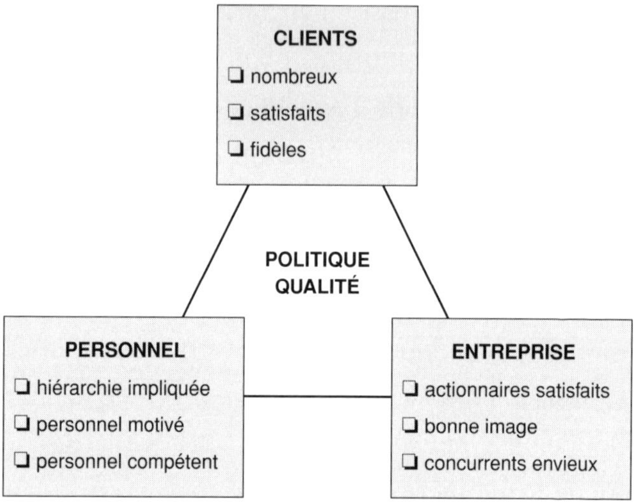

Qu'est-ce que la certification ?

L'Afnor donne cette définition : « Assurance donnée par écrit par un organisme qualifié et indépendant, tendant à attester qu'un produit/service présente régulièrement certaines qualités spécifiques résultant de spécifications énoncées dans un cahier des charges ou une norme officielle. »

Qu'est-ce que l'ISO ?

Créée en 1947, l'ISO (International Organization for standardization) est une organisation internationale regroupant les organismes nationaux de certification de plus de 110 pays. Elle a pour mission de favoriser le développement de la normalisation et des activités connexes dans le monde.

Quel est l'intérêt de la certification ?

• *Pour une entreprise vis-à-vis de l'extérieur*

☞

– Accroître la confiance des clients en faisant attester, par un organisme indépendant, le respect de la conformité à un référentiel reconnu.

– Apporter la preuve que son organisation et ses produits/services sont maîtrisés.

– Assurer les clients qu'ils sont écoutés et bien servis.

– Obtenir une reconnaissance pour développer des marchés européens et internationaux.

– Engager les fournisseurs à adopter les mêmes niveaux d'exigence.

– Jouir d'un avantage concurrentiel.

• *Pour une entreprise, en interne*

– Motiver le personnel et le rendre solidaire.

– Capitaliser le savoir-faire et maîtriser le fonctionnement interne.

– Améliorer les relations entre services.

– Alléger les contrôles et le nombre des audits.

Les pièges à éviter

– Faire rimer rigueur avec lourdeur.

– Utiliser les exigences des normes-et du certificateur-comme moyen de pression et d'autorité au sein de l'entreprise.

– Considérer la certification comme une fin en soi.

Choisir un organisme certificateur

Les principaux organismes de certification de système qualité ISO9000 qui opèrent en France sont :

– AFAQ (Association Française pour l'Assurance Qualité),

– BVQI (Bureau Véritas Quality International),

– BSI (British Standard Institution),

– DEKRA (Certification service GmbH),

– DNVC (Des Norske Veritas Certification),

☞

– LRQA (Lloyd's Register Quality Insurance),

– SGSICS (International Certification Service) TUV CERT.

• *3 conseils importants*

– Vérifiez que l'organisme que vous sollicitez pour votre certification est bien accrédité par le Cofrac comme organisme certificateur selon le référentiel ISO 9001 : 2000 (la liste est disponible sur www.cofrac.fr).

– Mettez deux ou trois organismes en concurrence sur la compréhension de vos métiers et choisissez le plus compétent.

– Ne retenez pas celui qui vous paraît le plus accommodant, notamment en terme de jours d'audit.

———

D'après Pierre LONGIN et Henri DENET, *Construisez votre qualité*, Dunod 2004.

La création des Paul aux façades noires

Pour accompagner l'évolution de ses produits, Francis Holder ressent naturellement le besoin de changer le style de ses magasins. Comme durant cet été 1962 où il cassa la boutique achetée par son père, il agit par pulsion. Puisqu'il lui a fallu lutter pendant près de dix ans pour refaire ce fameux pain à l'ancienne, autant que les consommateurs soient au courant ! Dans ces conditions, pourquoi ne pas adapter l'aspect des boutiques à la qualité de son pain ? Pourquoi ne pas tenter de créer des boulangeries qui auraient l'air d'avoir cent ans ? Il imagine une décoration la plus rustique possible, en harmonie avec l'univers du métier traditionnel. Il a d'autant plus envie de s'impliquer personnellement dans cette décoration qu'il s'en veut d'avoir défoncé la boulangerie de ses parents. Par ailleurs, sa passion pour les antiquités s'est affermie : il est même devenu assez calé dans ce domaine. Matériaux, mobilier, couleurs… l'univers qu'il imagine rappelle les boulangeries du début du siècle. Les ustensiles de cuisine, la patine, les tomettes en terre cuite, les boiseries sculptées et les gravures anciennes contribuent à recréer cette atmosphère d'antan. Quant aux briques, aux bois et aux pierres de Bourgogne, ils renforcent le côté ancien des boutiques. Le tout est mis en perspective au moment des fournées, lorsque les odeurs de pain chaud se diffusent dans les moindres recoins du magasin. Francis Holder tient enfin la base de son concept. Il ne lui reste plus qu'à tenter de l'adapter en fonction des sites où il s'implante. Car si les clients doivent retrouver l'esprit Paul dans n'importe quelle boutique, ils doivent également éprouver la sensation d'entrer dans un univers en phase avec l'environnement extérieur. Par exemple, dans les centres historiques où les boulangeries s'implantent, la décoration extérieure et intérieure est d'abord pensée en fonction du lieu d'exception.

Une fois de plus, tout le monde n'est pas d'accord avec les visions de l'entrepreneur. Le concept Paul est une révolution, ce qui ne plaît pas spécialement en interne. Les plus conservateurs de l'entreprise reprochent à leur patron de vouloir modifier le style de ses boulangeries pour se faire plaisir, au nom de son amour pour les antiquités. Le premier à lui faire ces reproches n'est autre que son directeur d'exploitation, Jean-Claude Leherpeur. En 1992, avant que Francis Holder ne restructure sa première boulangerie, il lui suggère d'aller se faire plaisir dans une seule boulangerie, si possible le plus près du siège social. Le directeur d'exploitation est persuadé que son patron ne se rend pas compte des risques qu'il prend. Francis Holder ne veut pas le contrarier et choisit donc la boulangerie la plus proche, à La Madeleine. Cette boulangerie qui existe toujours se trouve aujourd'hui dans un village Paul (voir chapitre 6), à côté du siège de la société.

L'opération de restructuration est un succès. Même Jean-Claude Leherpeur n'en revient pas : le chiffre d'affaires de la boulangerie relookée est deux fois et demi supérieur à celui qu'il avait estimé ! Francis Holder ne perd pas une seconde. À peine ses collaborateurs ont-ils eu le temps d'analyser les performances de la boutique qu'il commence déjà à en rénover une autre. « Il ne fallait pas traîner, compte tenu de la mauvaise volonté ambiante. La preuve, mon directeur d'exploitation est venu me voir un jour pour me demander d'imaginer le niveau qu'aurait pu atteindre le chiffre d'affaires si nous n'avions pas changé le style des magasins ! » C'en est trop pour le boulanger. Il décide de frapper un grand coup sur la table et fixe clairement le nouvel axe stratégique de la société à tous ses collaborateurs. Le message passe et s'impose à tous au bout de quelques mois. Ce qui n'empêche pas certains de ses proches collaborateurs de revenir à la charge dès qu'un nouveau magasin ne marche pas aussi bien que les autres.

Le boulanger se soucie d'autant moins des critiques qu'il prend peu à peu conscience de la révolution qu'il a déclenchée dans le métier. Il lui semble plus naturel d'accepter les conflits qui s'ensuivent. Il commence à comprendre qu'il a anticipé les attentes des consommateurs, sans même le vouloir, sans faire du marketing. Car Francis Holder n'a jamais cherché à étudier le marché, à analyser quels étaient les besoins des consommateurs. Il n'a jamais cru à ces analyses théoriques, partielles (et forcément statiques) du marché. Pour lui, seule compte la dynamique du marché, ce que seront demain les désirs des consommateurs. D'ailleurs, il ne s'intéresse pas aux tendances du moment qui, par définition, sont déjà mortes. « Ce qui marche aujourd'hui est déjà dépassé », répète-t-il souvent. Du jour au lendemain, il a simplement décrété qu'il allait faire de l'anti-marketing, refaire le pain que faisaient ses parents et ses grands-parents. Il a toujours cru à cette idée. Et ce n'est sûrement pas parce que ses proches le traitaient de ringard qu'il l'aurait abandonnée ! « Avoir cent ans de retard ne me dérangeait absolument pas. » Début 1993, il fait le constat suivant : « Nous, les boulangers, on n'est pas à la mode mais ça va peut-être commencer à le devenir. Il n'existe presque plus d'artisans commerçants. Certes, il reste quelques fromagers ou quelques bouchers à Paris, mais on ne trouve quasiment plus un marchand de fruits et légumes correct ou plus un poissonnier en province. C'est la grande distribution qui a tout tué. Mais la tendance artisanale va revenir. Déjà on commence à voir resurgir des spécialistes très ciblés. Les consommateurs savent qu'ils vont payer leurs produits beaucoup plus cher, mais ils savent aussi qu'ils vont avoir des produits d'une qualité incomparable. »

Dès lors, l'entrepreneur ne lésine pas sur les moyens pour construire les boutiques de ses rêves. Les budgets de restructuration des Paul des années 1990 sont compris entre 2 800 et 3 200 euros au mètre carré, tout compris (avec le matériel). Les ouvertures des boutiques deviennent tellement nombreuses que Francis Holder doit créer un bureau d'étude intégré pour la conception et le design de chacune d'entre elles. Les architectes et les dessinateurs imaginent le décor de chaque boutique en respectant à la fois l'environnement immédiat et la charte décorative qui s'inspire de l'esprit de tradition de l'entreprise Ce bureau d'étude deviendra par la suite une filiale dénommée Panétude. Employant aujourd'hui douze personnes, cette petite société lilloise créée et restructure tous les magasins du groupe. Elle conduit également des travaux pour d'autres enseignes (Monceau Fleurs, Cyrillus…). Lorsqu'ils refont une boulangerie, ils s'occupent de tout, de A à Z. Pour apprécier l'étendue de ce travail, rien ne vaut un détour au dernier Ladurée ouvert par le groupe, à l'angle de la rue Jacob et de la rue Bonaparte, dans le 6e arrondissement de

Paris. Le travail de restructuration et de décoration accompli dans cette ancienne adresse de Madeleine Castaing (de nombreuses personnalités et artistes tels Soutine, Chagall ou Modigliani s'y croisaient) est étonnant. Animé par son amour du passé et du style XVIIIe et XIXe, il a imaginé ce nouveau Ladurée avec lyrisme. Il en a même confié la décoration à une décoratrice spécialiste du style Napoléon III (Roxane Rodriguez). Des mosaïques en marbre de Venise de la chocolaterie aux fauteuils « crapauds » recouverts de velours de soie du « salon bleu de Prusse » en passant par le comptoir néoclassique en acajou et marbre gris turquin de la boutique, rien n'a été laissé au hasard.

6 L'art de se remettre en question

Le retour à l'industrie

Francis Holder est passé à côté de son développement industriel dans les années 1970. Il n'a pas l'intention de rater son retour industriel en cette fin des années 1990. Guéri de ses ambitions mégalos, il reprend son usine Moulin Bleu dans un nouvel état d'esprit. Il ne s'agit plus de répondre dans l'urgence à la demande tout en développant un appareil productif à la va vite mais de voir dans quelle mesure il est possible de créer un process industriel répondant aux exigences d'un savoir-faire artisanal. Pour la première fois depuis la création de son entreprise, Francis Holder prend tout son temps pour mener cette réflexion. En compagnie de ses deux fidèles lieutenants de la Recherche et Développement, l'un chef boulanger, l'autre chef pâtissier, il étudie les pistes qui lui permettent de fabriquer ou de préfabriquer des produits en grande quantité dans ses manufactures. Les enjeux de cette nouvelle phase d'industrialisation sont multiples. Il s'agit d'alléger la charge de travail des boulangers en boutiques, de renforcer le contrôle de la qualité des produits, d'homogénéiser les goûts et les textures, de simplifier l'approvisionnement des matières premières et accessoirement... de réduire les coûts !

Le chef d'entreprise part d'un postulat de base ambitieux : hors de question de toucher d'un iota à la qualité des produits. La nouvelle aventure industrielle se fera sans rupture avec les process artisanaux, ou ne se fera pas. Le boulanger ne compte pas adapter sa fabrication artisanale aux contraintes de l'industrie mais envisage de faire le contraire : concevoir des process inédits et imaginer des machines sur mesure, en les adaptant aux temps et aux styles du travail manuel. Pour réaliser ce pari très audacieux, il lui faut décomposer toutes les étapes de la fabrication artisanale d'un produit, gestes par gestes. Ce n'est qu'après cette rationalisation qu'il analyse les possibilités d'une production industrielle.

Concrètement, voilà comment se traduit son approche sur la fabrication en ligne d'un produit. Imaginons qu'il faut passer de la fabrication artisanale d'une brioche à la production industrielle de 1 000 brioches à l'heure. Au lieu d'être coupées à la main d'une manière précise, les brioches glissent dans une machine qui les coupe automatiquement, exactement de la même manière qu'en mode manuel. Les brioches sont ensuite déposées sur une grille, puis introduites dans un four. Le temps de cuisson est lui aussi le même. À leur sortie du four, au lieu d'être prises une à une à la main, elles entrent dans un bain de sirop. Là encore, suivant les gestes de l'artisan, la machine retourne les brioches pour qu'elles soient imbibées trente secondes de chaque côté et non pas entièrement d'un seul coup. Puis elles sortent du bain pour être égouttées. Il reste enfin à les garnir. Là, ce n'est pas une main humaine qui appuie sur le verseur de frangipane mais un bras mécanique, ce qui ne fait pas une grande différence.

Cette fabrication en ligne des brioches vaut également pour la réalisation de la pâte. Comment le boulanger passe-t-il de la fabrication de trois kilos de pâte à la fabrication de cent, voire cent cinquante kilos de pâte ? À grands renforts de gestes, Francis Holder, plus expressif que jamais, explique comment s'opère la transition. « On découpe nous-mêmes la pâte en pâtons puis un élévateur envoie les pâtons sur un rouleau qui les prépare doucement. Là où nous avions l'habitude d'introduire du beurre morceau par morceau dans les pâtons, la machine insère le beurre et le tartine lentement. Plus loin sur la ligne, une autre couche de pâte vient se poser sur la première. Le process prend soin d'appliquer le temps de détente, de manière à ce que la pâte devienne molle. Après la détente, on redonne un tour, et encore une détente. Ensuite, la bande de pâte est découpée par une lame mécanique. C'est exactement le travail artisanal en fait ! La différence, c'est pour les croissants. En les roulant avec les mains, on sentait leur texture, leur profondeur, tandis que maintenant, on ne leur demande plus leur avis ! »

Avant de connaître les joies de la glisse sur tapis roulant, tout nouveau produit est d'abord créé dans les règles les plus strictes de l'artisanat au sein de la cellule Recherche, Développement et Audit (RD&A). Francis Holder se charge de cette mission bien sûr, mais la délègue de plus en plus à son chef boulanger Jean-Marie Robin et son chef pâtissier Manuel Da Silva. Artisans dans l'âme, tous deux travaillent chez Paul depuis plus de vingt ans. Manuel Da Silva qui est entré dans l'entreprise comme apprenti a travaillé plusieurs années avec la mère de Francis Holder, place de Strasbourg. Il était devenu le chef pâtissier de la boulangerie familiale et côtoyait notamment le chef boulanger José Guilbert, l'un des maîtres de Francis Holder. « J'inventais déjà pas mal de recettes de gâteaux en ce temps-là, environ une par semaine. Dès que j'avais trouvé une recette qui me plaisait, j'allais voir la mère de Monsieur Holder qui me demandait alors de lui indiquer un prix de vente. C'est toujours elle qui décidait de mettre ou non mon gâteau en vitrine. » Aujourd'hui, dans son petit laboratoire situé à l'entrée du siège social, à l'écart des regards indiscrets, c'est toujours lui qui invente les gâteaux que Paul vendra demain. Il travaille en binôme avec le chef boulanger, Jean-Marie Robin, un autre fidèle du groupe Holder.

Travaillant en étroite collaboration avec Francis Holder (qui passe beaucoup plus de temps dans leur local que dans n'importe quel autre service de la société), ces deux hommes assurent le lien entre la fabrication artisanale et le process industriel. Une fois qu'ils ont créé un nouveau produit (ou modifié la recette d'un produit existant), ils décortiquent chacune des étapes de la recette artisanale et établissent des fiches techniques (poids, longueur, couleur, saveurs...) ainsi qu'un cahier des charges (délais obligatoires de fermentation, cadences de versement des ingrédients, temps minimum de tartinage du beurre, temps de repos...). Ces informations qui concernent aussi bien les spécificités internes qu'externes du produit sont destinées aux boulangers, aux pâtissiers et aux chefs de postes qui travaillent dans l'usine située à moins de cinquante mètres de leur local de la RD&A. Les deux compères supervisent eux mêmes les premiers tests en ligne. Poids, taille, texture, saveur... ils demandent au technicien (en général un chef de poste) d'arrêter la chaîne au moindre problème, c'est-à-dire dès que le produit industriel en cours ne correspond plus à celui qui a été créé manuellement. Manuel Da Silva et Jean-Michel Robin, goûtent, sentent, touchent et analysent leur création sous toutes ses coutures et font effectuer toutes sortes de réglages, soit au niveau des lignes, soit au niveau des machines. Ce travail qui prend en général quatre ou cinq heures peut durer une journée entière. Toutes les combinaisons sont envisagées, et il faut souvent recommencer depuis le début, et replacer plusieurs kilos de pâte à l'entrée du circuit. Ces tests en ligne ont lieu quasiment toutes les semaines. Car l'imagination (certes prolixe) de Francis Holder n'est pas la seule à les impulser. Il faut aussi compter avec les desiderata de la direction marketing qui demande par exemple à tester le nouvel aspect d'un chausson aux pommes ou de la direction des achats qui envisage une autre conception d'une tarte aux fraises dans le but de faire réaliser des économies à la société.

Fonctionnant sur un mode complètement empirique, la nouvelle production industrielle mise en place par Francis Holder à la fin des années 1990 implique une extrême flexibilité du process et une manipulation à la fois simple et rapide des machines. C'est pourquoi le patron opte très vite pour des machines sur mesure. Elles seules sont capables de restituer fidèlement les gestes de l'artisan. « Ce challenge un peu fou avait de grandes chances de ne pas réussir et on s'est dit avec Jean-Marie Robin que si on se plantait, ce serait entièrement notre faute », confie Francis Holder. Les affaires s'engagent bien mal : le premier fournisseur, une entreprise espagnole, leur vend une machine qui ne fonctionnera jamais ! Francis Holder commence à croire que ses malheurs industriels vont finir par le rattraper au moment où il détecte enfin une belle opportunité en Allemagne. Il envoie Jean-Marie Robin et Manuel Da Silva outre-rhin pour y effectuer les tests nécessaires. Il leur faut moins d'une semaine pour valider la capacité réelle de ces machines à s'adapter aux exigences de leur travail artisanal. Le meilleur exemple est sans doute la nouvelle ligne croissants, la grande fierté de Francis Holder. Ce process permet de produire 25 000 croissants à l'heure. « La machine précédente n'était pas au point. Elle parvenait à produire 12 000 croissants à l'heure mais seuls 9 000 étaient commercialisables », précise Manuel Da Silva. Une fois de plus, l'entrepreneur a fait passer la qualité avant tout, notamment le prix : véritable Roll's Royce de la viennoiserie industrielle, sa ligne croissants a coûté la bagatelle de 6 millions d'euros.

Francis Holder n'a pas seulement appris à concevoir la production industrielle d'une autre manière, il a également mûri son approche de l'organisation humaine de l'industrie. À la différence des années 1970 et 1980 où les activités de Moulin Bleu se croisaient et se mélangeaient gaiement sur un même site, il structure désormais ses activités par pôle. Le premier, le plus important, se situe à La Madeleine, sur les lieux mêmes du siège social. Il emploie 115 personnes et produit exclusivement des viennoiseries et de la pâtisserie. Une seconde usine située à Arras et employant 20 personnes fabrique des tartes (salées et sucrées) et des gâteaux. Enfin, une troisième unité située à Lomme est spécialisée dans la boulangerie (120 personnes). Tous les produits qui sortent de ces usines sont crus surgelés, précuits ou précuits surgelés. Ils sont vendus à la grande distribution et aux cafés, aux hôtels et aux restaurants (CHR), tant en France qu'à l'international. Un quatrième centre de production devrait voir le jour prochainement, aux côtés du futur siège social, sur un ancien site occupé par le groupe Thales, à Marcq-en-Barœul, à proximité de Lille.

Pour le grand public, l'industrialisation des années se traduit par le développement des boulangeries Saint-Preux. L'idée est venue à Francis Holder en 1998 de convertir certaines de ses boulangeries en terminal de cuisson. Implantées de préférence dans les quartiers animés, ces boulangeries proposent du pain, des viennoiseries, des pâtisseries, des sandwichs et depuis peu, une petite restauration. Les pains y arrivent précuits – il faut terminer la cuisson d'un quart – ou précuits surgelés. Il existe aujourd'hui 26 points de vente de ce type en France. Ce réseau qui se développe en parallèle de Paul se conçoit comme une excroissance de Moulin Bleu en milieu urbain.

C'est sans doute ce retour à l'industrie et le développement exponentiel de son réseau dans les années 1990 qui valent à Francis Holder sa si mauvaise réputation de boulanger auprès des organismes officiels de la boulangerie. Ce n'est pas vraiment un problème d'image d'ailleurs. En fait, il n'est tout simplement pas considéré comme un boulanger mais comme un industriel. Et parler à ces organismes de l'entrepreneur comme d'un artisan relève de la blague, voire de l'offense ! Peu importe que les pains Paul soient fabriqués dans les plus strictes règles de l'artisanat. Peu importe que Francis Holder ait été l'un des premiers boulangers à remonter la filière meunière pour obtenir des farines de qualité. Peu importe que ses boulangeries aient favorisé la relance du marché, etc. La confédération nationale de la boulangerie française (CNBF) ne lui reconnaît pas le statut de boulanger parce que plusieurs de ses boulangeries ne possèdent pas de fournil, ce qui constitue en soi un motif de rejet radical de l'appellation « boulanger » (loi du 25 mai 1998, article L-121-80). Par ailleurs, et selon les critères de la confédération, une boulangerie doit s'inscrire dans un cadre précis : le boulanger travaille dans son fournil, et une autre personne (sa femme en général) tient la boutique. Cette définition est évidemment en totale contradiction avec toute velléité de développement. Voilà le genre d'aberration « à la française » que l'artisan boulanger, devenu industriel, a fini par dépasser.

S'adapter aux nouveaux modes de consommation

Savoir se remettre en question, c'est d'abord l'aptitude à s'adapter aux nouvelles opportunités offertes par le marché, ne pas s'enfermer dans une seule et même activité. Plus on exerce son métier dans les strictes règles de l'art et de l'authenticité, plus il est difficile de sortir du cadre, de s'ouvrir vers d'autres formes d'activité. Sauf que Francis Holder est un artisan qui a la rage d'entreprendre. Il a soif de créer toujours plus d'activité et étudie sans cesse de nouvelles pistes de développement. C'est parce qu'il sent l'évolution du marché qu'il saisit parfaitement l'explosion de la demande de sandwichs. À tel point que ce produit est devenu aujourd'hui l'un des axes majeurs de ses ventes. La culture du sandwich s'est imposée dans chaque boutique et les clients peuvent désormais en demander à toute heure de la journée. À 10 heures ou 17 heures, et même s'il n'y a aucun sandwich en vitrine, les vendeurs doivent désormais servir tous les clients qui les réclament, quitte à demander aux cuisines d'en fabriquer de nouveaux. Cette fabrication à la demande a beau être antiproductive – un employé (un apprenti) est mobilisé quelques minutes pour la préparation – elle répond au souci de Francis Holder de coller au plus près des attentes nouvelles du marché. « Jamais on aurait imaginé qu'une partie du travail de la boulangerie soit consacrée aux sandwichs, il y a une vingtaine d'années. Pour quelqu'un comme ma mère, cela relevait carrément de la science-fiction ! » Paul réalise aujourd'hui une partie non négligeable de son chiffre d'affaires avec ce produit : l'entreprise vend plus de 10 millions de sandwichs par an en France en boutique, hors gares, aéroports et autres lieux concédés et hors réseau Saint Preux. Au niveau national, le sandwich représente en moyenne 79 % du chiffre d'affaires réalisé par la partie traiteur, soit 10 % du total. Au niveau des ventes nationales, la boulangerie représente 43 %, la pâtisserie 17 % et le traiteur 29 % (sandwichs, quiches, tartes salées…). Le reste correspond à la vente de boissons.

Loin de se calmer à la fin des années 1980, le mouvement de déstructuration des repas n'a fait que s'amplifier. Les Français grignotent, dévorent, dégustent, avalent tout et n'importe quoi à n'importe quelle heure de la journée. Sandwichs, viennoiseries, tartelettes, quiches, gâteaux, sucrés ou salés, des produits complètement différents sont consommés aux mêmes heures tandis qu'un produit comme la tartelette salée peut être demandé dans un même lieu à 10 heures du matin ou à 18 heures. C'est pourquoi Francis Holder a décidé d'aller encore plus loin en ouvrant, en 1987, des espaces dédiés à la petite restauration. Ces lieux qui jouxtent la boulangerie prennent l'allure de salon de thé en fin de matinée (ou l'après midi) et s'apparentent à de véritables restaurants aux heures des repas. Ils séduisent immédiatement le public par leur décor rustique et soigné, un décor qui n'a strictement rien à voir avec celui que les Français ont l'habitude de voir dans la restauration rapide classique. Cheminées en pierres de bourgogne, meubles en bois précieux, parquets anciens, poutres apparentes, rideaux de velours… Francis Holder a mis les formes. Les moyens aussi ! Il faut compter un minimum de 3 000 euros au mètre carré pour la réalisation de ces petits restaurants. La conception et la décoration sont assurées par les architectes et les dessinateurs de Panétude, le bureau d'études intégré du groupe Holder (voir chapitre 5). Le public plébiscite fortement ce concept et l'entrepreneur décide d'en systématiser l'ouverture. Sur les 247 boutiques Paul présentes actuellement en France, 83 comprennent un petit restaurant de ce type.

La réussite de la petite restauration est si rapide qu'elle donne des idées de grandeur à Francis Holder, le poussant à se lancer dans la restauration traditionnelle. Erreur ! Après un lancement réussi de son grand restaurant situé en face de l'Opéra de Lille, Francis Holder décide de tout changer : décor, cuisinier, concept… Mais le chef ne s'entendait pas avec Jean-Claude Leherpeur et il est parti en emmenant avec lui une bonne partie de sa clientèle. Le bouche à oreille jouant en sa défaveur, le boulanger s'est vite retrouvé sans aucun client. Autre problème : il fallait passer par la boutique Paul pour monter au restaurant. Or cet établissement visait une clientèle haut de gamme, spécialement des riches lillois sortant de l'Opéra. Cet échec a bien refroidi les élans de restaurateur de Francis Holder. Même si rien n'exclut une autre tentative, au même endroit. Car ce magnifique immeuble idéalement placé qui pourrait être classé monument historique appartient en partie à la famille.

En 1993, tout en créant ses boulangeries aux devantures noires, Francis Holder se lance dans une autre aventure : le village Paul. C'est sans doute la première fois que le boulanger se sert de son activité comme d'un tremplin pour partir à la conquête d'un autre métier, en l'occurrence la promotion immobilière. Le patron a eu l'idée de ces villages au cours d'un de ses différents voyages aux États-Unis. Le concept consiste à recréer un centre alimentaire de proximité, en périphérie des villes, exactement sur le modèle des *Convenience Store.* Adapté aux environnements résidentiels plutôt animés, ces villages sont conçus de telle sorte que leur architecture soit en harmonie avec les couleurs locales. À première vue, le village ressemble donc à une sorte de centre commercial, en plus petit. Sauf que la promotion du lieu et des magasins est réalisée à l'initiative du groupe Holder, en partenariat avec la commune. Le groupe est propriétaire des murs et les loue à d'autres enseignes, une dizaine au maximum. Certaines sont populaires (McDonald's par exemple) mais ce n'est pas le but. Car l'avantage du montage imaginé par Francis Holder consiste à permettre aux commerçants locaux d'être très présents dans le centre. Le fleuriste du coin, la banque régionale, le coiffeur ou le pressing sont les bienvenus. L'entrepreneur qui n'aime pas trop s'étendre sur ses activités éloignées de la boulangerie ne parle pas trop de ses villages. Toujours est-il que son idée a engendré la création de sept villages à travers la France, à Thiais, Marcq-en-Barœul, Lambersat, Lille, Valenciennes, Saint-Gratien, Colmar et Wasquehal. En sommeil depuis quelques années, le développement des villages Paul est en train d'être réactivé : le huitième village de ce type a été ouvert à l'été 2004 à Chaville, dans les Yvelines.

Gérer l'échec américain

Francis Holder a vécu sa mésaventure en terre américaine comme une trahison. Il en reste meurtri aujourd'hui. L'aventure commence pourtant de manière idyllique. Comme souvent avec lui, un coup de tête débouche sur une intuition puis sur un coup de cœur. Début 1980, l'expansion de Paul est très forte : les magasins ouvrent les uns après les autres, Francis Holder a beaucoup de mal à recapitaliser son affaire. Il ne peut envisager de nouveaux développements sans recourir soit au marché, soit à un associé. Il choisit la deuxième option.

Comme bon nombre de chefs d'entreprise à l'époque, il est traumatisé par l'arrivée des socialistes et des communistes en mai 1981. D'autant plus qu'il se fait insulter quelques jours plus tard dans la rue par un type qui lui reproche de porter un costume cravate en roulant dans une grosse voiture ! « Je suis rentré chez moi et je me suis dit : la France, c'est foutu, on fout le camp. » Il part tout le mois de juillet faire un repérage outre-Atlantique avec sa femme et un publicitaire dénommé Patrick Esquerré avec lequel il a sympathisé en septembre 1980. Ils font un périple entre la Californie et le Texas. Le nouvel associé lui a fait miroiter une association avec un milliardaire du gaz à Oklahoma City. « Je n'arrivais pas bien à visualiser la boulangerie Paul à Oklahoma City. Je me revois encore disant à ma femme que les cow-boys ne devaient pas se trouver très loin, au moment où, comme dans les westerns, un gros buisson a traversé la rue principale d'Oklahoma. Ni une ni deux, j'ai décrété qu'il fallait partir sur le champ ! »

Le patron découvre ensuite Dallas. Comme dans la plupart des villes américaines, le centre ville n'est occupé que par des bureaux. Il s'oriente donc vers les centres commerciaux mais se rend compte que les Américains fractionnent leurs achats. « Un jour pour l'alimentation, un autre pour les vêtements, encore un autre pour les meubles. Ils ne fonctionnent pas du tout comme en France où l'on va chez le boulanger du coin, puis on en profite pour passer au magasin de prêt-à-porter d'à côté. » Décidément il n'imagine vraiment pas une boulangerie Paul installée dans ces conditions. « C'est là que je me suis dit qu'il fallait arrêter de penser comme un Français. Ici, il y avait des quartiers riches, des quartiers pauvres, des quartiers mexicains, des quartiers homosexuels, etc. J'ai senti qu'il fallait s'implanter dans un quartier riche, sur un parking, en bordure d'une route passante. » Il s'installe donc dans un *strip center,* un mini centre commercial traversé par la route. Avant l'ouverture, l'un de ses amis spécialiste de l'immobilier lui dit que cet endroit ne marchera jamais. « On a ouvert et le magasin s'est retrouvé bourré comme un œuf ! On avait visé en plein dans le mille. Si on avait été dans un centre commercial, on se serait ramassé parce qu'on n'avait pas la notoriété suffisante. Ici, dans ce *strip center,* les gens tournaient, passaient et repassaient en voiture devant la boutique. »

Le patron fait venir sa vieille équipe de boulangers et de pâtissiers et l'affaire qu'il a baptisé La Madeleine reste franco-française. Elle tourne très bien : les premières boutiques réalisent 20 % de cash-flow en moyenne. L'entreprise américaine de Francis Holder a un gros potentiel de développement. Elle rassemblera 70 magasins et emploiera jusqu'à 2 500 personnes. Dans un premier temps, Francis Holder préside la société dont il détient la majorité des actions à droit de vote. Mais très vite, son partenaire le convainc d'ouvrir le capital à des partenaires financiers. Le but avoué ? Accélérer le développement. Quelques amis tourangeaux de Patrick Esquerré rappliquent et prennent des parts. Francis Holder ne se méfie de rien. Comme il s'était engagé auprès de son associé pour autoriser la cotation en bourse une fois l'affaire bien engagée, il tient parole et lâche ses actions majoritaires. Il se retrouve avec 31,9 % du capital. « Nous avions néanmoins la majorité avec mon partenaire, ce qui me semblait le plus important. Grosse erreur ! Quelques années après, il a inversé la majorité avec ses amis financiers. Dans la foulée, il a décidé de me sortir de l'entreprise. Cela me paraissait impossible à la fois sur le plan juridique et aussi parce que je ne voulais pas quitter ce pays auquel j'étais tant attaché. » C'était méconnaître une loi texane stipulant qu'un Conseil d'administration peut sortir de l'entreprise quiconque ne dispose pas de plus de 33 % du capital. Francis Holder a tout de même eu une consolation : il a pu continuer à exploiter ses boutiques en Louisiane. Mais celles-ci n'étaient pas nombreuses et elles étaient trop imbriquées avec le réseau de son ex associé. Quant au cœur de l'organisation, il se trouvait au Texas. Après avoir essayé toutes les solutions, le patron français a été obligé de jeter l'éponge. Vidé de toute force, profondément écœuré, il se souvient avoir envoyé un message on ne peut plus explicite à son fils David : « Venge-moi ! ». Il est rentré en France, bien décidé à ne plus jamais s'associer dans une entreprise. Il s'est alors juré de ne plus jamais se retrouver dans une situation de minoritaire. « Si je devais retenir une leçon, ce serait bien celle-là : petit minoritaire, petit couillon ; gros minoritaire, gros couillon ! »

7 Entretenir l'esprit d'entreprendre

Rester en état d'alerte permanent

Il y a une quinzaine d'années, Francis Holder s'est vu proposer un pont d'or pour la vente de son affaire. « Ma femme avait tenté de me pousser à vendre. Elle m'avait dit, vas-y, ce sera super, tu te rends compte, on s'installera à Saint-Tropez, sur notre bateau, le bonheur absolu... Je lui ai dit d'accord, mais je te préviens, au bout de trois jours, c'est toi qui passes par-dessus bord ! » À soixante-quatre ans, Francis Holder a la mentalité d'un jeune créateur de trente ans. Il est sur le pont en permanence, à l'affût de tout. Certes, il a bien appris à prendre un peu de recul depuis ces dernières années mais ce n'est sûrement pas pour aller jouer au golf ! Il ne pourrait mener la même vie que tous ces retraités aux carrières brillantes et dont le quotidien s'est fortement ralenti aujourd'hui. L'entrepreneur a juste appris à profiter davantage de son travail qu'il partage maintenant avec ses deux fils David et Maxime. Francis Holder ne peut s'arrêter de travailler. C'est génétique ! « S'il s'arrête, il est mort », plaisantent à moitié ses deux fils qui sont atteints du même virus.

Au fil des années, le patron a fini par accepter sa nature. Il ne valait mieux pas essayer de se retirer petit à petit de l'entreprise. Car Francis Holder n'est pas du genre à faire les choses à moitié. Soit, il arrêtait complètement, soit il continuait comme avant. « Aujourd'hui, je pourrais faire comme certains de mes copains et revendre mon affaire. C'est sûr que je pourrais me payer du bon temps ! Mais cela me ferait une belle jambe d'avoir un jet privé et des supers bagnoles. » Malgré un chiffre d'affaires de 216 millions d'euros en 2003, Francis Holder n'a jamais été aussi peu motivé par l'argent. Sa volonté provient seulement d'une soif intarissable d'entreprendre, une envie qui lui donne des ailes et de l'énergie, « comme aux tous débuts de l'aventure ». Lorsqu'il part trois ou quatre jours en voyage, il lui arrive encore de ne dormir qu'une dizaine d'heures en tout, dans un avion ou dans un taxi. Le reste du temps, il bosse. Le développement de la franchise, l'international, les diversifications, la formation… loin de lui donner envie de laisser la main, les enjeux et les difficultés à venir le dynamisent. Cela n'a rien d'étonnant. L'entrepreneur n'a pas galéré durant de si longues années pour s'en aller au moment où son entreprise émerge enfin ! Et comme il ne sait pas profiter des fruits de son travail autrement qu'en y consacrant encore plus de travail, il continue comme s'il avait trente ans. « Je me demande parfois si je ne suis pas fou furieux ! Notamment lorsque je sors de ma voiture sans réfléchir pour casser la gueule à un chauffeur de taxi qui m'a mal parlé. Cela ne m'arrive pas souvent mais cela m'arrive encore ! » Et peu importe que le chauffeur en question ait trente-cinq ans, mesure 1 mètre 90 et soit ceinture noir de karaté.

Curieux de tout, Francis Holder fourmille d'idées en permanence. Lorsqu'il évoque ses derniers projets, il fait penser à un adolescent, un jeune homme un peu naïf persuadé d'avoir compris quelque chose de très intelligent et qui veut réaliser son projet le plus vite possible de peur de le voir s'échapper… « Il a cent cinquante idées à la minute et il n'est pas toujours facile de le suivre », s'amusent ses proches collaborateurs. D'où l'importance que le patron accorde à l'innovation. Pour lui, la recherche et développement constituent le nerf de la guerre, une activité hautement stratégique. Il n'a d'ailleurs pas hésité à renforcer ce pôle. Depuis 2002, la R&D s'appelle la RD&A, Recherche Développement et Audit, un auditeur travaillant dans l'usine pour optimiser la synchronisation entre les hommes et les machines.

Son esprit d'entrepreneur s'applique à tous les domaines de la vie quotidienne et pas seulement aux questions de son entreprise. Il peut s'agir de la décoration intérieure de sa maison, d'un nouveau parcours de jogging qu'il veut faire connaître à ses enfants ou de l'achat d'une chaîne hi-fi. Il est enthousiaste en parlant de tout, de ses produits surtout. Mais, et c'est là sans doute la marque de ceux qui ont un esprit d'entreprendre, à peine a-t-il réalisé quelque chose qu'il se projette déjà dans l'avenir. Mais attention, si Francis Holder fait croire volontiers au caractère inné de son tempérament d'entrepreneur, il l'entretient aussi. Le patron a compris depuis longtemps qu'il avait intérêt à cultiver cet état au quotidien pour ne pas décélérer. Nul doute qu'il en rajoute un peu pour s'automotiver davantage. Compte tenu de sa personnalité, il sait qu'il n'a pas le choix pour vaincre l'angoisse de la baisse d'inactivité. Il doit avancer, comme si de rien n'était, comme si l'âge ne gagnait pas. Voilà l'une des raisons qui l'a poussé à vouloir tout contrôler autour de lui.

Pour Francis Holder, entretenir l'esprit d'entreprendre passe aussi par l'exercice de l'humour et de la dérision. Il est important de ne pas se prendre au sérieux, de ne pas s'emballer face au succès. Car le patron qui a connu beaucoup de difficultés pendant les premières parties de sa carrière ne connaît la « gloire » que depuis une dizaine d'années. Comme tout chef d'entreprise nordiste qui se respecte, il se méfie des honneurs, des médias et de toutes formes de célébrations officielles. Non pas qu'il déteste cela, mais il n'en voit pas l'utilité, surtout lorsqu'il s'agit d'être moqué par ses copains du Nord. « Pour Paul, on a fait une inauguration, une seule ! C'était à Lille, en présence de Philippe Vasseur, ministre de l'Agriculture, et de nombreuses huiles locales. Le lendemain, mes copains du Nord me sont tombés dessus en me disant que j'étais en train de prendre la grosse tête, etc. J'ai décrété que je ne ferais plus jamais d'inauguration, nulle part. » Effectivement, il ne fait plus aucune inauguration. Même pour le nouveau Ladurée des Champs-Élysées dont l'ouverture a eu lieu en 1997 dans le calme et la discrétion la plus totale, au regret de son fils David. Et peu lui importe d'être taxé de rabat-joie, même en interne, il campe sur ses positions. À l'époque de l'ouverture du Paul de Rabat, Martine Aubry – avec qui il ne s'entend pas si mal en définitive ! – lui aurait même reproché de ne pas avoir fait d'inauguration, de ne pas avoir au moins invité l'Ambassadeur de France au Maroc. « C'est pas ma culture de communiquer, c'est la culture de David. Dans le Nord on dit souvent que le bien ne fait pas bruit et le bruit ne fait pas de bien. Je crois que ce n'est pas faux. » Au-delà de cette discrétion inhérente à la culture du nord, il y a une forme d'angoisse, comme un besoin de ne pas provoquer le sort en s'emballant par optimisme. À force de s'être pris beaucoup de coups dans la figure, d'avoir galéré pendant de nombreuses années, Francis Holder a fini par se méfier de tout, par penser davantage aux problèmes qu'aux motifs de satisfaction. Il est devenu plus réaliste. « C'est un peu triste car j'ai vécu les ouvertures des premiers magasins comme des moments extraordinaires. Je me souviens notamment avoir bondi de joie à l'ouverture du premier. Mais au fil des ouvertures, en vieillissant, on commence à voir les choses autrement. On passe d'une vision intuitive, instinctive, à une vision mathématique. »

Le lancement de la franchise Paul

Depuis le début des années 2000, en moins de cinq ans, Francis Holder a davantage transformé l'organisation de son entreprise qu'en quarante ans ! Bien sûr, le patron a été aidé dans ses choix stratégiques par la jeune génération (voir chapitre 8). Mais personne ne lui a forcé la main. Là où d'autres dirigeants auraient préféré miser sur un développement tranquille, lui n'a pas hésité à remettre tous ses pions en jeu, spécialement au niveau du management dans les boulangeries. Paul est passé de 132 magasins en 1992 à 247 en 2003 (dont une centaine en Île-de-France). Entre 1996 et 2000, la croissance a atteint des sommets : de l'ordre de 35 ouvertures par an. En quatre ans, la taille du groupe a doublé. Le succès a été fulgurant. Tout le monde s'est précipité sur le retour de la boulangerie à l'ancienne. La profession s'est elle aussi engouffrée dans ce créneau : en quelques mois, des boulangeries copie conforme des Paul sont apparues aux quatre coins des grandes villes françaises. Hormis la couleur des façades, ces établissements relookés sont souvent identiques à ceux de Francis Holder et certains d'entre eux vont même jusqu'à installer le four à la vue des clients !

En 2000, la structure financière purement familiale de l'entreprise ne pouvant faire face à l'accroissement exponentiel de l'activité, et donc des dettes, il faut envisager une solution pour financer la croissance. « Les Américains disent souvent que les entreprises ont une propension naturelle à mal tourner ! On a commis l'erreur d'aller beaucoup trop vite, de poursuivre une expansion trop rapide. Par la force des choses, j'ai appris qu'il ne fallait jamais mettre les bouchées doubles quand on ne maîtrise pas complètement son organisation. Dans notre métier, lorsque je vois quelqu'un monter usine après usine parce qu'il a l'appui d'un financier, je sais qu'il va avoir des problèmes. Je n'ai pas le souvenir qu'une entreprise boulangère se soit développée rapidement sans connaître des difficultés par la suite. » Le gros problème d'une entreprise familiale comme Paul se situe donc dans le développement. Aujourd'hui, avec le recul, Francis Holder sait que sa capacité de développement optimal tourne autour de 15 % par an. Si l'entreprise devait tourner demain à 20 ou 25 %, elle risquerait d'avoir des problèmes, notamment des complications sur le plan de la gestion des hommes. Bien sûr, il aurait été possible de freiner le développement, mais cette mesure aurait été complètement aberrante. « On avait également la possibilité de faire appel à un fond d'investissement, mais dans ce cas, nous aurions pris le risque de ne pas avoir les moyens de racheter un jour la part de l'investisseur », se souvient David Holder, vice-président de Paul, en charge des finances du groupe. Restait une troisième alternative : l'introduction en bourse. Cette possibilité a été immédiatement rejetée par Francis Holder. Bien lui en a pris. Fin 2000, la bourse est au plus haut. Ce sera la chute libre un an plus tard.

Finalement, l'entrepreneur s'oriente en 2003 vers une quatrième solution, un mode de développement dont il se méfie : la franchise. L'entrepreneur s'est essayé sans succès à la franchise pendant une vingtaine d'années. À la fin des années 1980, il avait dû arrêter net sa première tentative car ce développement ne lui garantissait aucune protection sur le secret de fabrication de ses pains. Ce passionné possessif du produit ne pouvait accepter de livrer ses petits secrets à des boulangers qu'il ne connaissait pas. De même, le maître du produit n'envisageait pas d'entrer dans une boutique Paul qui ne lui appartiendrait pas et demander une flûte sans broncher. Il lui aurait été impossible de se retenir de faire des critiques, d'accepter une perte de contrôle sur son produit ! Le chef d'entreprise avait donc préféré poursuivre son développement à la « débrouille », en créant notamment des boutiques satellites autour d'une boulangerie avec fournil. Mais ce qu'il n'avait pas su faire avec Paul, il s'y était résolu avec succès avec son enseigne Saint Preux : le réseau de ces relais de cuisson en franchises a connu son expansion à partir de 1998. Francis Holder avait également essayé la franchise à l'étranger, mais sa première boutique ouverte au Moyen-Orient (Abu Dhabi, Émirats Arabes Unis) n'avait pas été correctement gérée. En 2000, il avait réitéré en tentant la franchise capitalistique. Mais là encore, l'expérience n'avait pas été concluante. « Il faut être présent physiquement dans la boutique si l'on veut réussir. »

Aujourd'hui, le passage à la franchise constitue donc une révolution culturelle pour l'entrepreneur. Pour autant, et même s'il a été influencé par ses fils, il a décidé ce bouleversement lui-même. Ce choix lui permet maintenant d'accompagner sa réforme des mentalités dans les boutiques. « On a mis en place des systèmes d'informations pour que le personnel arrête de croire que le bénéfice d'une boutique correspond au chiffre d'affaires. Cela peut paraître idiot, mais la majorité des employés pensent cela. Il faut qu'ils comprennent qu'il faut payer les matières premières, les frais de personnels, les impôts, les frais généraux et l'amortissement. » Le nouveau credo du patron est la responsabilisation à outrance. Pour ce faire, Francis Holder compte plus que jamais sur le travail au mérite. « Il faut avoir la capacité de récompenser largement les collaborateurs les plus performants au détriment des moins performants. Voilà l'étape fondamentale de la révolution culturelle dans notre entreprise. Il faut que tous les collaborateurs aspirent à devenir des patrons. Et puisqu'il existe des bons et des mauvais patrons, il est normal que les bons soient récompensés par rapport au travail qu'ils font. » Et de remarquer une tendance à l'embourgeoisement ces dernières années. Selon lui, l'entreprise aurait commencé à ressembler à une administration où plus personne ne prend de décisions rapides et instinctives de peur de déclencher un mécontentement. « À un moment donné, il n'est pas plus mal de tout faire sauter, et de libérer les énergies. »

En pleine « renaissance » managériale, Francis Holder a décidé depuis 2003 d'éclater beaucoup plus les structures de l'entreprise. Il s'agit de permettre à tous ceux qui travaillent depuis plus d'une dizaine d'années dans le groupe d'accéder à la location-gérance, puis à la franchise. À ce sujet, Francis Holder ne peut s'empêcher de penser à tous ces anciens moniteurs qui ont quitté prématurément Paul il y a quelques années et auxquels il aurait dû proposer un magasin. Le patron aimerait aller encore plus loin en proposant aux personnels des boutiques de devenir actionnaires de leurs magasins. Responsables de leur magasin, intégrés dans le groupe, ils gagneront bien sûr en efficacité. Surtout, ils prendront de plus en plus conscience de la réalité des charges qui pèsent sur leur activité.

Car Francis Holder qui a souffert d'être resté trop longtemps dans l'insouciance des chiffres et de la gestion sait à quel point il est important d'avoir une bonne maîtrise des charges, de chaque coût unitaire. « Il faut expliquer simplement les choses, faire un compte de la ménagère en quelque sorte, dans le but de faire naître une conscience de lutte contre les coûts inutiles. Il faut faire comprendre aux employés de chaque magasin qu'une lumière allumée peut coûter cher. De même, lorsqu'ils donnent plusieurs serviettes en papier, ils doivent se rendre compte du coût que cela représente. Les responsabiliser, cela revient à les intéresser à tout cela. » C'est dans l'optique d'une plus grande responsabilisation au sein des boutiques que Francis Holder entend faire évoluer la répartition du capital de l'entreprise dans les années à venir. À terme, il souhaite qu'une partie du capital de la société passe entre les mains des cadres dirigeants et de tous ceux qui incarnent les colonnes de l'entreprise.

ENTREPRENDRE EN FRANCHISE

Définition de la franchise

Définition de la Fédération française de la franchise (FFF)

La franchise

« Le franchising[1] se définit comme une méthode de collaboration entre une entreprise franchisante, d'une part, et une ou plusieurs entreprises franchisées, d'autre part. Elle implique pour l'entreprise franchisante :

1. La propriété d'une raison sociale, d'un nom commercial, de sigles et de symboles, d'une marque de fabrique, de commerce ou de service, ainsi qu'un savoir-faire mis à la disposition des entreprises franchisées.
2. Une collection de produits et/ou de services :
   – offerte d'une manière originale et spécifique,
   – exploitée obligatoirement et totalement selon des techniques commerciales uniformes préalablement expérimentées et constamment mises au point et contrôlées.

1. Un arrêté du 29 novembre 1973, relatif à la terminologie économique et financière, substitue aux mots « franchising, franchisor, franchisee » les mots « franchisage, franchiseur, franchisé ».

☞

Cette collaboration a pour but un développement accéléré des entreprises contractantes, par l'action commune résultant de la conjonction des hommes et des capitaux tout en maintenant leur indépendance respective, dans le cadre d'accords d'exclusivité réciproque. Elle implique une rémunération ou un avantage économique acquis au franchiseur propriétaire de la marque et du savoir-faire. »

Les éléments fondamentaux de la franchise

- Une marque commercialement attrayante,
- Un savoir-faire substantiel et identifié,
- Une assistance technique et commerciale préalable et postérieure à l'ouverture du point de vente franchisé.

Devenir franchiseur

- Avoir un projet à fort développement : excellente connaissance du marché et des perspectives à long terme.
- Avoir un projet franchisable : un savoir-faire ou un concept transmissible.
- Charisme et leadership : convaincre les premiers franchisés, puis diriger le groupe.
- Savoir s'entourer : s'entourer de compétences à la tête de la franchise et savoir recruter les bons franchisés.
- Transmettre son savoir-faire, être pédagogue.
- Avoir une longueur d'avance vis-à-vis des concurrents et des franchisés du réseau.
- Avoir des capacités financières : le lancement et le développement d'un réseau nécessitent des fonds importants que le droit d'entrée des premiers franchisés ne suffit pas à financer.
- Respecter les étapes de développement.

Les étapes de développement

- Valider le concept : rencontre des professionnels du milieu, cabinets spécialisés, organismes de formation.
- Préparer son dossier : comme tout créateur d'entreprise, le futur franchiseur prépare un business plan.

☞

- Déposer la marque.
- Créer les supports écrits dont les manuels opératoires (*ou package*) qui formalisent les procédures, les techniques et les méthodes à appliquer dans l'entreprise franchisée (identification du savoir-faire, vente, approvisionnement, normes graphiques, aménagement et ambiance, procédures, outils juridiques, etc.).
- Ouvrir des centres pilotes : succursales appartenant au franchiseur permettant de reproduire le savoir-faire et de finaliser le concept.
- Établir son plan de développement : nombre d'ouvertures et rythmes des ouvertures, choix des emplacements.
- Lancer la campagne de communication : salons, presse, publicités, site Internet.
- Passer au recrutement des franchisés : sélection, test, formation, assistance…
- Animer le réseau.

Les 10 commandements du franchiseur

1. Des capitaux nécessaires tu disposeras.
2. Une étude de marché tu feras.
3. Une marque tu protégeras.
4. Ton concept tu expérimenteras.
5. Ton savoir-faire et ton image de marque tu développeras.
6. L'article premier de la loi Doubin tu respecteras.
7. Le Code de déontologie tu appliqueras.
8. Les franchisés tu sélectionneras.
9. Le respect de l'image de marque tu contrôleras.
10. La pérennité du réseau tu assureras.

Le contrat de franchise

Le contrat de franchise est la pièce maîtresse de ce système de distribution. Bien qu'il soit souvent rédigé de façon unilatérale par le franchiseur, chaque signataire s'oblige à en respecter les termes. Cette liberté contractuelle et le peu d'encadrement juridique obligent le candidat à la franchise à être vigilant. La loi Doubin du 31 décembre 1989 met à la charge du franchisseur

☞

l'obligation de fournir aux candidats-franchisés une information pré-contractuelle. L'adhésion du franchisuer à la FFF est appréciable, car elle est le signe d'un engagement au respect du code de déontologie.

Les éléments du contrat de franchise

- Les parties.
- L'objet du contrat.
- La marque, l'enseigne.
- La durée du contrat.
- Le lieu d'exécution du contrat.
- Les obligations du franchisé.
- La formation initiale et continue
- Le respect du concept.
- La rémunération du franchiseur.
- Le respect de l'approvisionnement exclusif.
- Le respect de la non-concurrence et clause de confidentialité.
- Les obligations du franchiseur.
- Le transfert du savoir-faire.
- Les services du franchiseur.
- Le contrat *intuitu personae*[1].
- La rupture du contrat.
- Les tribunaux compétents.

1. Un contrat *intuitu personae* est un contrat signé par une des parties en raison de la personnalité de l'autre partie

D'après Marjorie BÉTHENCOURT, *Entreprendre en franchise*, Dunod, 2001 et Michel KAHN, *Franchise et partenariat*, Dunod, 2002.

8 Préparer la succession

Partager le pouvoir avec ses fils

Francis Holder s'est toujours dit qu'il arrêterait de travailler le jour où il tomberait gravement malade, deviendrait gâteux ou commencerait à faire de l'ombre à ses fils. Ce troisième scénario est-il sur le point d'arriver ? La réponse est : « Non ». À soixante-quatre ans, le patron a passé la majeure partie de sa vie sans voir le jour, sans prendre le moindre recul. Cela ne fait que depuis une dizaine d'années qu'il commence à profiter un peu de ce qu'il a entrepris. Physiquement, affectivement ou moralement, il ne peut donc pas abandonner le contrôle de Paul d'un simple claquement de doigts. Et puis l'entrepreneur serait bien trop angoissé à l'idée d'arrêter de travailler. À moins qu'il ne tombe demain sur une formidable affaire dans le domaine de la décoration intérieure (sa passion), il ne va pas s'éclipser aussi facilement. Le scénario d'un retrait semble d'autant plus improbable qu'il éprouve un réel plaisir à travailler avec ses fils. « Travailler avec ses enfants, c'est l'aboutissement, le rêve de tout entrepreneur. C'est un vrai luxe familial. Ce n'est pas facile tous les jours mais quel plaisir ! » Pour le patron, il s'agit même d'un aboutissement. Lui qui a élevé ses deux fils dans l'obsession de les voir un jour rejoindre l'entreprise familiale. D'ailleurs, et c'est un signe, David et Maxime ne parlent jamais de leur père en l'appelant « mon père » (et encore moins « papa » !) mais en le nommant « Francis » ou « Francis Holder » comme s'il parlait de leur patron. « Il a toujours géré sa famille comme une entreprise. Quand j'étais adolescent, il m'avait convoqué dans son bureau de la maison et m'avait lancé une phrase du genre "Dis-toi bien que si tu étais l'un de mes employés, cela ferait longtemps que je t'aurais viré !" », se souvient Maxime Holder.

La première ébauche d'un partage du pouvoir intervient avec l'arrivée de David. En 1989, l'aîné des fils Holder est le premier à s'engager. Jeune étudiant brillant, bachelier à 16 ans, titulaire d'une maîtrise de gestion et finances à Paris IX Dauphine à vingt ans et diplômé de l'université de Berkeley à vingt et un ans, David Holder n'est pas pressé de rejoindre l'entreprise paternelle. Il aimerait bien voler de ses propres ailes, tracer son chemin, à l'écart de Paul, loin de son père. Mais une discussion solennelle en tête à tête avec Francis Holder va bouleverser tous ses plans. En 1991, l'entrepreneur a cinquante et un ans. Il est persuadé que ses jours sont comptés, qu'il va mourir d'ici deux ans, prématurément, comme son propre père. Ce n'est pas qu'il soit particulièrement hypocondriaque, seulement il n'ignore pas que sa vie ressemble étrangement à celle de son père : travail harassant, horaires décalés, repos inexistants, relations stressantes… il est intimement convaincu de finir de la même manière. « Il était mort d'angoisse et m'a demandé de lui donner deux ans de ma vie, le temps de me former au métier de la boulangerie de manière à assurer la pérennité familiale de l'entreprise », se souvient David Holder. L'immersion du jeune financier dans l'univers de la boulangerie n'a rien de superficiel. Il reprend point par point le chemin parcouru par son père à ses débuts : fonds de tarte, pétrissage, nettoyage… il travaille parfois plus de quinze heures par jour. Résultat : il perd sept kilos en six mois. Il travaille dans les fournils de Paul et apprend la pâtisserie chez Lenôtre et Fauchon.

Une fois l'apprentissage terminé, David Holder rejoint son père aux commandes et décide de s'attaquer aux dossiers sensibles que son père n'a jamais voulu traiter. Le plus urgent est l'assainissement du réseau. Fermetures de boutiques non rentables ou mal situées, regroupement des enseignes, harmonisation visuelle… Cette première mission est menée tambour battant, rigoureusement et sans concession. Elle débouche, en 1993, sur l'homogénéisation des boutiques Paul et l'apparition des magasins aux devantures noires. Elle pose également les bases d'un développement soutenu et maîtrisé de l'enseigne. L'arrivée de David Holder marque les débuts d'un management moderne, cohérent et moins affectif. Car sa conception de l'entreprise est avant tout d'ordre économique. S'il prend en considération la part affective qui lie son père à l'entreprise, il n'hésite pas à trancher, à restructurer et à licencier, même lorsqu'il s'agit d'anciens collaborateurs. Selon lui, nul ne devrait être irremplaçable dans l'entreprise, pas même son fondateur. « C'est prendre un risque colossal de tout faire reposer sur un seul homme », assure-t-il. Le discours du jeune homme est froid et implacable mais pertinent et réaliste. Du point de vue de la logique économique, c'est le meilleur qui soit.

À l'aise, percutant et confiant, il surprend son père par sa vitesse de compréhension et son sens de l'organisation dans l'action. Il garde la tête froide face à des collaborateurs proches de son père et nettement plus âgés que lui et ne se répand jamais dans de quelconques complexes de fils du patron. Il s'impose le plus naturellement du monde. Mais les idées de réorganisation de David ont de plus en plus tendance à contrarier son père. Le jeune diplômé baigne dans une culture moderne de gestion et de management à des années lumières de l'univers mis en place par Francis Holder. Il ressent parfaitement l'urgence de réorganiser le management du groupe, notamment en y injectant un peu de sang neuf. Il sait pertinemment qu'il faut sortir de cette logique du chef au plus vite. Quant à son rôle, il ne l'imagine pas ailleurs qu'au pilotage. Après tout, son père ne l'avait-il pas fait venir dans l'optique de le remplacer ?

Comme son frère cadet, David est ambitieux (ils ont de qui tenir !) et ne s'en cache pas. Son ambition passe d'autant plus mal qu'elle met de plus en plus le chef en porte à faux dans sa « bande ».

Les tensions montent entre les deux hommes et c'est au cours d'un de leurs innombrables joggings qu'elles explosent. « En résumé, David m'a demandé quand je comptais foutre le camp ! Je lui ai répondu que ce n'était pas prévu et il m'a rétorqué que, dans ces conditions, je comprendrais aisément qu'il s'en aille. » D'un côté, le patron sait qu'il va avoir du mal à déléguer des pans entiers de pouvoir à son fils sans se tenir derrière son dos en permanence. D'un autre côté, le pire des scénarios serait de le voir s'éloigner définitivement du groupe. L'idéal serait de trouver une solution pour que David puisse s'épanouir au sein du groupe, mais en marge de Paul, loin des activités réservées du boulanger. L'occasion est trop belle : la maison Ladurée est à vendre. Francis Holder connaît bien ce salon de thé pour avoir justement l'habitude d'y aller… en famille ! Il acquiert l'affaire de la rue Royale en 1992. Pendant un an, il ne change rien au management, ni à la décoration de la boutique jusqu'au jour où il décide d'en confier le développement à David en 1993. « Pour moi, ce fut véritablement la première étape de décentralisation du pouvoir. »

David Holder ne va pas se contenter de gérer l'entreprise en bon père de famille. Certes, il est galvanisé par les trésors de cette magnifique affaire familiale qu'il affectionne. Il est surtout motivé par la volonté de montrer à son père sa capacité à développer une affaire tout en la maîtrisant. C'est pourquoi, il réagit en entrepreneur en cherchant immédiatement les gisements de croissance de Ladurée. Le symbole de la réussite de David Holder n'est autre que ce gigantesque salon qu'il ouvre sur les Champs-Elysées en septembre 1997. Les investissements ont été colossaux (pas loin de 8 millions d'euros !), Francis Holder ayant donné son feu vert, malgré le contexte économique morose (années 1994 et 1995). Les résultats vont au-delà des espérances du patron. Le salon de thé de 1 500 mètres carré atteint des taux de croissance à deux chiffres dès les premières années, accueille en moyenne 3 000 clients par jour. La fréquentation ne faiblira pas les années suivantes. D'une boutique employant moins de 50 personnes, David Holder passe à une affaire rassemblant quatre salons de thé à Paris (rue Bonaparte, avenue des Champs-Elysées, rue Royale et Printemps Haussmann) et employant 300 collaborateurs, dont 85 pâtissiers et 70 cuisiniers. Désormais, Ladurée ne pourra plus être considérée comme la « danseuse » du boulanger. David Holder en a fait une entreprise à part entière, une entité s'inscrivant dans la stratégie long terme du groupe. Car, le jeune président de Ladurée, nommé vice-président du groupe Holder commence à développer des synergies commerciales entre Paul et ses salons de thé à l'international. Lorsqu'il rencontre des investisseurs au Japon ou ailleurs, il en profite toujours pour parler de Paul. L'association salon de thé de luxe et boulangerie française à l'ancienne fonctionne très bien. Et ce d'autant plus qu'un puissant investisseur étranger susceptible d'acquérir un Ladurée pourrait sans problème acheter quelques Paul en plus. Pour autant, il n'y a toujours pas le moindre rapprochement des activités entre les deux enseignes. Le cloisonnement entre les cuisines Paul et Ladurée reste total, au grand dam des pâtissiers de Paul d'ailleurs !

Pour Francis Holder, la deuxième « décentralisation » est plus violente. Si le patron n'a jamais eu de confrontation directe avec David qui a « hérité du tempérament diplomate de sa mère », le scénario est très différent avec Maxime. Impulsif, direct et farouchement indépendant, Maxime Holder n'a jamais supporté l'idée de se voir placer dans un moule. « Quand j'avais dix-sept ans, Francis m'avait écrit un plan de succession sur quelques feuilles. Il n'avait oublié aucune option, année après année, jusqu'à mes vingt-cinq ans. En résumé, soit j'intégrais une école de commerce en vue de progresser plus vite chez Paul, soit je faisais mon apprentissage immédiatement, ce qui aurait évidemment freiné mon ascension. Il avait aussi prévu une autre feuille, entièrement blanche : c'était le plan de ma vie professionnelle ailleurs que chez Paul ! » Face à cette attitude, Maxime Holder s'est instinctivement placé dans un état de rébellion, une opposition frontale qui a duré plusieurs années. Comme d'habitude, Francis Holder porte un regard à la fois tendre et sarcastique sur cette situation.

« Il a imaginé que je voulais lui couper les ailes. Maintenant que je lui ai laissé faire sa petite “psychanalyse”, il s’est rendu compte qu’il avait déliré, que je suis là pour l’aider. En fait, le principal problème de Maxime, c’est qu’il a le même tempérament que moi ! »

En attendant éventuellement de rejoindre l’entreprise, Maxime Holder ne choisit pas les études prévues dans le « plan paternel ». Après une maîtrise de droit des affaires et fiscal (le droit n’est pas du tout du goût de Francis Holder), il intègre Sciences-Po alors qu’il est reçu à l’EDHEC. Son diplôme en poche, il rejoint l’entreprise à la demande insistante de son père et de son frère. S’ensuivent douze mois de formation terrain, dont six comme apprenti pâtissier chez Ladurée. Là, il étouffe littéralement. Tous les ouvriers savent qu’il est le frère du président. La situation est ridicule et malsaine. D’autant plus que son frère est très présent à ses côtés. Il décide alors de chercher du travail ailleurs, sans en parler à son père. Il envoie quelques CV, dont un arrive par malheur sur le bureau d’un copain de Francis Holder. Maxime est viré sur le champ. Après cinq mois de recherche d’emploi, il débarque chez Arthur Andersen où il reste deux ans. Fort de son expérience professionnelle en dehors de l’entreprise paternelle, il revient plus serein en 1998. D’emblée, il fixe ses conditions. « Pas question de travailler en direct avec Francis Holder ou avec David Holder. J’ai exploité une boulangerie Paul pendant un an à Bagnolet. Au-dessus de moi, j’avais un directeur régional et un directeur d'exploitation, donc aucun lien avec la famille. Ensuite, je suis devenu directeur de région, sous les ordres du directeur d'exploitation. Je me rapprochais un peu de Francis, mais sans avoir de contact. Enfin, je suis parti à Londres pour m'occuper du lancement de Paul outre Manche, toujours sans lien direct avec Francis. C'était parfait ! » Les rapports se compliquent dès qu'il rentre au siège en 2002. Car Maxime Holder travaille désormais au quotidien et en direct avec son père sur une partie très sensible de Paul : la direction générale des opérations. Il s'agit en priorité de gérer l'ensemble du réseau français de boulangeries. Mais Francis Holder n'arrive décidément pas à changer ses habitudes. Omniprésent, contrôlant tout, il est sans cesse sur le dos de son fils. « Il ne pouvait s'empêcher d'aller dans son usine au moindre problème, même la nuit, ou de partir en urgence régler un petit conflit dans une boutique. Il lui arrivait même de recadrer certains de mes collaborateurs sans m'en parler au préalable », explique Maxime Holder. Le conflit explose à l'été 2003. Pour la première fois, Maxime se pose la question de sortir définitivement du groupe. « Soit j'acceptais Francis tel qu'il était et je restais, soit je partais. »

Le contrôle de Francis Holder sur les affaires courantes est quasi maladif. Même concernant Ladurée, il a beau se targuer de ne pas vouloir se mêler des affaires de David, de le laisser diriger cette maison, il ne peut s'empêcher de faire des remarques dès qu'il s'y rend. Ses critiques portent le plus souvent sur la qualité des produits ou sur la performance du personnel. Le président fondateur du groupe Holder est le premier conscient de ces « mauvais réflexes ». « On ne lâche pas son bébé facilement. Il est très difficile de déléguer lorsqu'on a tout fait soi-même pendant des années ! » Certes, depuis l'arrivée de des fils, et une fois les conflits digérés, Francis Holder a appris à lâcher des bribes de pouvoir. Surtout, il a appris à gérer les ambitions de ses deux « successeurs », à interpréter leurs visions, à comprendre entre les lignes tout en anticipant leurs réactions. Il indique d'ailleurs être parvenu à lire aisément dans leurs jeux, leurs ambitions. Il pense savoir parfaitement les manœuvrer. Sauf qu'eux disent exactement la même chose ! En fait, derrière cette façade de rapports a priori conflictuels, il y a surtout une grande part de jeu. Car les relations entre les trois hommes sont en voie de pacification depuis 2003. Rien n'est encore complètement digéré bien sûr, mais les conflits ont été compris et dépassés. Les positions de Francis et de ses deux fils tendent aujourd'hui à converger. David, et surtout Maxime, ont tous deux franchi un cap, acquis une maturité évidente dans leur relation avec leur père. Non pas qu'ils aient tué le père au sens psychanalytique du terme, mais ils ont fini par collaborer avec lui en mettant de côté la dimension affective de la relation fils-père. « Pour ma part, j'ai arrêté de me battre avec lui sur tout. D'abord parce que je sais que cette méthode n'avance à rien. Ensuite, parce que j'ai compris qu'il valait mieux s'écraser sur des sujets mineurs pour accepter le rapport de force sur des sujets qui en valent vraiment la peine », explique Maxime Holder. De son côté, Francis Holder est aujourd'hui convaincu de la compétence de ses fils. Concernant la gestion du réseau, l'international ou la politique de partenariats, il ne peut que vérifier l'efficacité des réformes qu'ils ont engagées. En fait, le président du groupe Holder n'a jamais voulu « donné » facilement le pouvoir à ses fils. Il a voulu les observer, les laisser s'imposer par eux-mêmes, quitte à entrer en conflit avec eux, sans états d'âmes. « S'ils devaient être amenés à prendre ma place un jour, il était indispensable qu'ils se battent, sans doute encore plus que les autres. »

Aujourd'hui, les trois Holder continuent de revendiquer haut et fort leurs approches différentes de l'entreprise, à se quereller pour des questions d'organisation. Il n'empêche qu'ils parviennent désormais à travailler ensemble, en accord sur les nouveaux fondamentaux du développement : franchise, internationalisation et partenariats. Mieux, ils sont en train d'accompagner ensemble les profondes mutations que les deux fils ont provoquées au sein de l'organisation début 2000. Et tous trois commencent à reconnaître les mérites de chacun dans cette évolution.

RECRUTER SES COLLABORATEURS

Le recrutement est un acte de management essentiel. Sous une apparente simplicité, il est le résultat d'une démarche complexe. Le terme de processus lui convient parfaitement. Ce processus est composé de 7 étapes :

1. la définition du besoin,
2. le choix des sources de recrutement,
3. la présélection sur dossier,
4. l'entretien,
5. la décision d'embauche,
6. la période d'essai,
7. l'embauche définitive.

La chronologie d'un entretien de recrutement

1. l'accueil du candidat,
2. la recherche des informations complémentaires par rapport au CV et à la lettre de motivation,
3. les critères de motivation,
4. la validation des compétences,
5. la vérification des caractéristiques de personnalité,
6. la présentation de l'entreprise et du poste,
7. la conclusion de l'entretien.

50 questions à poser à un candidat

Cette liste de questions fournit une « banque de données » dans laquelle il est possible de puiser pour bâtir un guide d'entretien adapté aux caractéristiques que vous souhaitez faire émerger chez le candidat en fonction du poste à pourvoir.

Pourquoi avez-vous choisi ces études ? Ce métier ?

Quels diplômes avez-vous obtenus ? Quand ? Comment ?

☞

Qu'est-ce qui vous le plus intéressé ? Pourquoi ?
Qu'est-ce qui vous le moins intéressé ? Pourquoi ?
Comment avez-vous mis en œuvre les connaissances acquises ?
Pourquoi avez-vous choisi telle entreprise ?
Pourquoi avez-vous choisi tel ou tel poste ?
Quelles sont les dates de prises de fonction et de départ ?
Quelles étaient vos principales activités/responsabilités ?
Quelles sont celles que vous préfériez ? Pourquoi ? Comment les réalisiez-vous ?
Quelles sont celles que vous aimiez le moins ? Pourquoi ?
Quels résultats avez-vous obtenus ?
Quels sont les motifs de départ ?
Comment s'est passé votre départ ?
Racontez-moi une expérience professionnelle importante pour vous ?
Quel est le projet le plus important sur lequel vous avez travaillé ? Comment cela s'est-il passé ?
Quelles sont les capacités que vous n'avez pas pu exprimer ?
Quel genre et quel niveau de décision aviez-vous à prendre ?
Racontez-moi une expérience dans laquelle vous avez eu de sérieuses difficultés ?
Quelle est votre meilleure expérience ? La plus mauvaise ?
Comment planifiez-vous le travail de votre équipe ?
Qu'avez-vous appris dans ce travail ?
Quelles sont vos méthodes de travail ?
Comment gériez-vous vos priorités ?
Aviez-vous des objectifs ? Lesquels ? Quels ont été vos résultats ?
Quelle était la place de votre service dans l'entreprise ?
Comment étiez-vous évalué ?
Comment fonctionniez-vous avec votre hiérarchie dans tel ou tel poste ?
Qu'attendez-vous de votre hiérarchie ?

☞

Quelles sont les situations conflictuelles que vous avez eues à vivre avec vos hiérarchiques ?

Quelle est la personne qui vous a le plus appris ?

Quel environnement de travail appréciez-vous ?

Comment fonctionniez-vous avec vos collègues ?

Avez-vous eu des tensions avec vos collègues ? Que s'est-il passé ? Comment les avez-vous vécues ?

Quelles sont les relations les plus dures que vous ayez eues à vivre ?

Pouvez-vous me décrire une période où vous avez été en surcharge de travail ?

Quel est votre projet professionnel ?

Quelles sont les idées que vous aviez pour apporter des améliorations à ce poste ?

Quels sont les points sur lesquels il vous semble important de progresser ?

Quelles initiatives les plus probantes avez-vous prises à ce poste ?

Qu'est-ce qui vous permet de penser que vous pouvez assumer le poste proposé ?

Que pensez-vous des collaborateurs que vous avez que lorsque vous occupiez ce poste ?

Que déléguiez-vous à vos collaborateurs ?

Comment formiez-vous vos collaborateurs ?

Avez-vous déjà été amené à vous séparer d'un collaborateur ?

Parlez-moi des produits que vous vendiez ? Quels sont ceux que vous préfériez, pourquoi ? Quels sont ceux que vous aimiez le moins, pourquoi ?

Vous est-il arrivé de défendre votre avis contre tous ?

Pourquoi postulez-vous à ce poste ? Dans notre société ?

Quelle a été l'expérience professionnelle la plus drôle ?

D'après Hélène DE FALCO, *Maîtriser ses recrutements*, 2e édition, Dunod, 2002.

Vers un nouveau management

Le nouveau management n'est visible que depuis 2000, mais l'amorce du changement a eu lieu dès 1996. « C'est vers cette époque que Francis a appris à cohabiter, ce qui est fondamental pour un homme comme lui, autant habitué à gérer tout, tout seul. Il lui a sûrement fallu faire beaucoup d'efforts pour arriver à accepter de déléguer un peu », observe David Holder. Francis Holder n'avait jamais ressenti la nécessité de coordonner ses structures. Les différentes activités de son groupe ne tournaient qu'autour de lui. La planète Holder a ainsi pu fonctionner sans réelle coordination jusqu'en 2000 : l'industriel d'un côté, le réseau de boulangeries de l'autre, Saint Preux plus loin, Ladurée en marge... Même les services de Paul (marketing, ressources humaines, achats...) fonctionnaient chacun de façon autonome, sans que leurs actions ne soient centralisées par un autre que Francis Holder qui demeurait le seul à être au courant de tout ce qui se passait dans l'entreprise. « À soixante ans, il campait tout de même un drôle de président-fondateur ! Si cette organisation dépourvue d'axe central commençait à poser de sérieux problèmes de coordination, Francis voulait tout de même continuer sur ce mode. Avec David, il a fallu lui faire comprendre qu'un tel management de chef ne serait plus tenable dans le contexte de développement actuel. »

Sous la pression incessante de ses deux fils, le patron de Paul accepte enfin de revoir son mode de fonctionnement à partir de 2000. Peut-il vraiment faire autrement ? L'activité de l'entreprise a quasiment doublé en moins de cinq ans mais l'organisation est toujours la même, celle d'une petite PME. Il n'y a pas de service marketing à proprement dit, pas de réel département pour la gestion du réseau, aucun service communication… Il faut donc renouveler les équipes et envisager de déléguer des responsabilités à des hommes et des femmes possédant une expertise dans chacun des domaines stratégiques. Par ailleurs, il autorise le renouvellement des générations, et se dit prêt à accueillir de jeunes collaborateurs. C'est un choc culturel pour les anciens qui fonctionnent le plus souvent à l'affectif et sont très attachés à leur entreprise. Ils ont du mal à cohabiter avec ces jeunes cadres techniques et performants venus de l'extérieur qui ne partagent pas forcément la culture de l'entreprise. En 2000, arrive la responsable de la communication, Sandrine Huguet. Tout droit débarquée de chez Lenôtre, elle prend en charge les relations extérieures de Paul, un domaine qui n'existait pas jusque-là. Suit le directeur informatique, Gérard Patry. Sa mission ? Créer de toutes pièces un nouveau système informatique, en remplacement d'une ancienne architecture complètement obsolète. Puis c'est au tour du directeur marketing, Gilles Gommendy, de prendre ses fonctions en 2003. Il s'occupe de piloter ce très jeune service datant de moins de deux ans. La confrontation est difficile, l'écrémage est important, autant parmi les anciens que récents collaborateurs. Francis Verquin, l'ancien bras droit de Francis Holder, quitte le groupe en 2000 pour prendre sa retraite. Jean-Claude Leherpeur, responsable du réseau des boulangeries s'en va en 2001, suivis par deux des trois nouveaux responsables de la direction qui avaient chacun moins de deux ans d'ancienneté.

Francis Holder peut paraître dur dans son management, mais il ne fait qu'appliquer la loi de survie de l'entreprise. « Qu'on le veuille ou non, le développement est une nécessité. Lorsqu'une étape décisive doit être franchie, il faut faire appel aux meilleurs, aux gros calibres ayant déjà fait leur preuve, des gens de l'extérieur qui ne viendront et resteront que s'ils y sont fortement incités. » Quand on a passé plus de vingt ans dans une entreprise, on la connaît trop bien. Il est difficile de se faire violence, de bouleverser les acquis, les habitudes, de revoir ses relations avec le patron et de prendre des risques. Francis Holder a conscience des problèmes engendrés par cette révolution manageriale, mieux que personne. Il a appris à les dépasser. Pour lui, le challenge actuel consiste justement à bien se positionner entre ses fidèles et anciens lieutenants et ces « jeunes loups » qui n'ont peur de rien, ni de lui, ni de partir du jour au lendemain pour d'autres cieux. Certains collaborateurs des débuts ont décidé de partir, d'autres comme Christian Raimbault restent, acceptant sans regret de ne pas avoir pris davantage de pouvoir à tel ou tel moment. De toute manière, cela aurait-il changé quelque chose qu'ils essayent ? La règle ne veut-elle pas que les cadres extérieurs aient toujours plus de crédit que les managers maison dans de tels moments de mutation ? Francis Holder compense avec son comportement paternaliste. Il a tout de même du mal à accepter la résignation de certains, et incite ceux en qui il croit le plus à bouger davantage.

Une nouvelle génération, c'est une autre façon de voir. Lorsque les nouveaux cadres sont arrivés, ils ne se sont pas mis au garde à vous devant le patron. « Sûrs de leurs compétences, ils avaient leurs idées bien en place et ont accepté de travailler à mes côtés à la seule condition que je leur foute la paix. À un moment donné, il faut laisser les générations s'épanouir. Si les générations suivantes ne peuvent pas s'épanouir, c'est la preuve d'un échec. Un échec grave, pour l'entrepreneur bien sûr, mais surtout pour l'entreprise. » Compte tenu de l'ampleur prise par le réseau (plus de 250 boutiques), des diversifications et des nécessaires développements à organiser (à l'étranger surtout), Francis Holder sait maintenant qu'il ne peut plus se passer de ces nouveaux managers. « Il a su déléguer des pans entiers de responsabilité à des gens qui ont des compétences très pointues, plus que lui », explique David Holder. Les deux fils Holder profitent évidemment de l'arrivée de ces jeunes pour faire avancer leurs idées auprès de leur père. Et ça marche ! Ils obtiennent notamment la mise en place d'un comité stratégique. Les trois hommes se réunissent toutes les deux semaines pour discuter et partager leurs points de vue sur les orientations à court et moyen terme du groupe. Ils votent aussi, même si le patron s'amuse à répéter qu'il a trois voix et ses deux fils une chacun ! Ils poussent également à la tenue plus fréquente de réunions. Aujourd'hui, les réunions ont lieu en permanence, à tous les échelons de la société. Désormais, les responsables des différentes branches de l'entreprise se réunissent environ une à deux fois par trimestre. En ce qui concerne l'industrie, la division fétiche de Francis Holder, les réunions ont lieu tous les mois. Le patron est présent à chacune de ces réunions. Enfin, chaque directeur de région organise une réunion avec ses collaborateurs, et Maxime, directeur des opérations, fait une réunion plus générale avec les responsables de zone.

En novembre 2003, le responsable de la franchise arrive enfin ! Thierry Fourez, trente-huit ans, prend la place de l'ancien directeur de la franchise. Là encore, c'est un choc culturel. Venu de McDonald's France où il s'est occupé pendant douze ans du développement en France et à l'international, Thierry Fourez est sans conteste un expert en la matière. C'est la première fois que ce mode de développement est pris en main de façon aussi globale chez Paul. Travaillant sous la houlette de David Holder pour le développement à l'international, Thierry Fourez se charge d'améliorer la stratégie de franchise, peaufine les règles du jeu, apporte les affaires et noue les contrats région par région. À terme, il devrait doubler le nombre de boutiques dans l'hexagone, de 250 à 500.

Deux mois après Thierry Fourez, un deuxième capitaine du groupe Holder débarque à Lille : il s'agit de Jacques Renault. Il prend en charge la « sacro-sainte » direction générale de l'industrie. De loin, il s'agit de la délégation la plus dure à accepter pour Francis Holder. L'industrie était son bébé, sa chasse gardée, il s'y était retranché depuis une dizaine d'années. Jusqu'à présent, Jacques Renault dirigeait East Balt, le fournisseur en petits pains (buns) de McDonald's France. Possédant une très forte culture de la traçabilité et de la qualité, cet industriel boulanger de trente-neuf ans a la lourde tâche d'optimiser les trois usines du groupe. Il doit adapter Moulin Bleu à la formidable explosion qu'a connu le réseau Paul depuis ces dernières années, notamment optimiser la livraison des viennoiseries et autres pâtisseries à l'ensemble des boulangeries. Le jeune patron de Moulin Bleu aborde donc son activité dans une nouvelle perspective : il ne doit plus considérer seulement le réseau des boulangeries Paul et Saint Preux comme le prolongement « naturel » de sa production, mais comme un client à part entière. Mieux, il doit non seulement satisfaire sa clientèle en France, mais aussi à l'étranger.

Dans ce nouveau schéma, Francis Holder s'est gardé précieusement la création, c'est-à-dire la recherche et le développement et l'engineering. « Je garde la matière grise de l'entreprise, son âme. Quand vous cernez le produit et l'engineering, vous tenez les manettes non pas du pouvoir mais de l'orientation du bateau », répète-t-il très souvent.

Le patron se réserve donc le cœur de l'entreprise, sa matière grise. Avec la RD & A et l'identité visuelle des boutiques, il demeure le gardien du produit et n'abandonne pas complètement l'industriel : il va garder un œil sur ses usines même si Jacques Renault lui a clairement exprimé son besoin de travailler en totale autonomie. « En fait, il a gardé les domaines où il excelle, où personne n'est plus fort que lui : la vision, le produit, la traçabilité, le lobying, l'identité visuelle des boutiques et leur évolution », précise David Holder. Et puis il y a son nouveau bébé : l'école de formation. Il en contrôle entièrement la mise en place.

Cela fait une vingtaine d'années que l'idée d'une école trotte dans la tête de Francis Holder – Christian Raimbault se souvient que l'entrepreneur en parlait déjà à l'époque des premiers directeurs régionaux. Aujourd'hui, le patron est enfin sur le point de lancer ce défi : les portes de l'école doivent ouvrir d'ici 2005. Francis Holder s'occupe personnellement de ce dossier. Les objectifs consistent à former un personnel correspondant exactement aux besoins du groupe, mais aussi à proposer un plan de carrière satisfaisant les attentes des employés. La promotion interne doit fonctionner davantage que celle qui a prévalu jusqu'à présent. Il faut élaborer des plans de carrière qui évitent aux dirigeants de devoir se séparer de leurs collaborateurs au bout de dix ans. Le discours type : « Désolé, on n'a rien d'autre à vous proposer, au revoir les travailleurs », ne peut plus tenir aujourd'hui. Si Francis Holder n'a jamais cru à un schéma d'ascension sociale par l'ancienneté, il reste très attaché au plan de carrière type de la boulangerie : apprentissage, chef de fabrication, responsable de magasin, etc. Mais le patron qui a décidément bien du mal à se faire aux 35 heures revient une nouvelle fois sur la difficulté de « motiver les troupes » dans le contexte actuel qui plombe l'état d'esprit du travail. « J'ai récemment reçu la carte d'un copain qui me parle de la courtoisie, de la gentillesse et de l'attention du personnel de la boulangerie Paul… de Rabat ! Il poursuit en regrettant de ne jamais trouver un tel accueil dans notre réseau en France. Et termine en me disant qu'il pourrait être intéressant de proposer à quelques milliers de Marocains de venir faire un stage dans nos boutiques pour mieux montrer aux Français à quel point ils appliquent les 35 heures de façon déprimée, contrainte et forcée. »

« L'école » Holder doit fonctionner toute l'année, essentiellement pour assurer des cours de formation continue. Le personnel du groupe, les employés des franchises ainsi que les cadres et les collaborateurs des partenaires (Elior notamment), tous seront conviés, par session d'une semaine au minimum. « On commencera avec notre encadrement général, les directeurs de régions et les moniteurs, chacun selon son univers de compétence. Par exemple, le chef boulanger suivra un perfectionnement en boulangerie mais aussi en pâtisserie. Le chef de magasin assurera une remise à niveau en gestion et ressources humaines bien sûr, mais aussi une nouvelle immersion dans la boulangerie et la pâtisserie. » Surtout, c'est au sein de cette école que Francis Holder va pouvoir réorienter tous les moniteurs et boulangers du groupe, des personnes parfois fatiguées par le travail souvent difficile et routinier de la boulangerie.

Le patron a de la suite dans les idées. C'est dans l'optique de donner une perspective et une réalité physique à cette révolution culturelle qu'il a signé début 2004 l'acquisition d'un nouvel emplacement pour son entreprise. Situé au nord de Lille, à Marcq-en-Barœul, sur un ancien site occupé par le groupe Thales, ce lieu s'étend sur 10 hectares, dont 23 000 m^2 de bâtiments industriels. De surcroît, ce site est idéalement placé. Il se trouve le long de l'autoroute, à proximité de l'arrêt du tramway. Ici, devront être regroupées toutes les activités de Paul : le siège social, l'extension des manufactures, le centre RD & A, la logistique et bien sûr, l'école de formation. Malgré l'immensité des travaux à accomplir, rien ni personne n'a pu faire changer d'avis Francis Holder. Pour l'entrepreneur, l'acquisition de ce terrain symbolise la concrétisation d'un rêve. Plus de quarante ans après la refonte impulsive de la boulangerie familiale, vingt ans après la folle expansion de son réseau de boulangeries, l'entrepreneur est enfin parvenu à engager son entreprise dans sa phase de maturité économique. Car le président fondateur qui a longtemps fonctionné seul et de manière empirique a sans doute accompli le plus difficile durant ces dix dernières années : mettre en place un management digne de ce nom, en créant une organisation d'hommes et de femmes adaptée au formidable essor de ses boulangeries. Il ne restait plus qu'à réunir ces forces vives en un seul et même lieu, au plus près de la matière première, de la logistique, des chaînes industrielles et de la création pour faire face au développement des dix années à venir. Car ce ne sont pas les débouchés internationaux, la multiplication des partenariats commerciaux ou le récent passage à la franchise qui vont ralentir la forte croissance du groupe. Le regroupement des activités sur le site Thales représente évidemment le symbole d'une entreprise devenue homogène et cohérente. Mais pour Francis Holder, au-delà de la symbolique, ce nouveau site permettra surtout de générer d'importantes économies d'échelle, de multiplier des synergies entre des pôles d'activités et de répondre aux demandes de plus en plus diverses de sa clientèle. Le patron paraît plus jeune que jamais lorsqu'il parle de son super chantier de Thales. À soixante-quatre ans, malgré la création de son empire boulanger, il conserve l'enthousiasme d'un jeune chef d'entreprise de trente ans. Les difficultés le stimulent tellement ! Il faut dire qu'il n'est jamais autant motivé qu'au pied du mur, fut-il insurmontable. En cette fin d'année 2004, l'entrepreneur Francis Holder peut être heureux : ce nouveau chantier va le mobiliser encore plusieurs années !

La planète « Francis Holder »

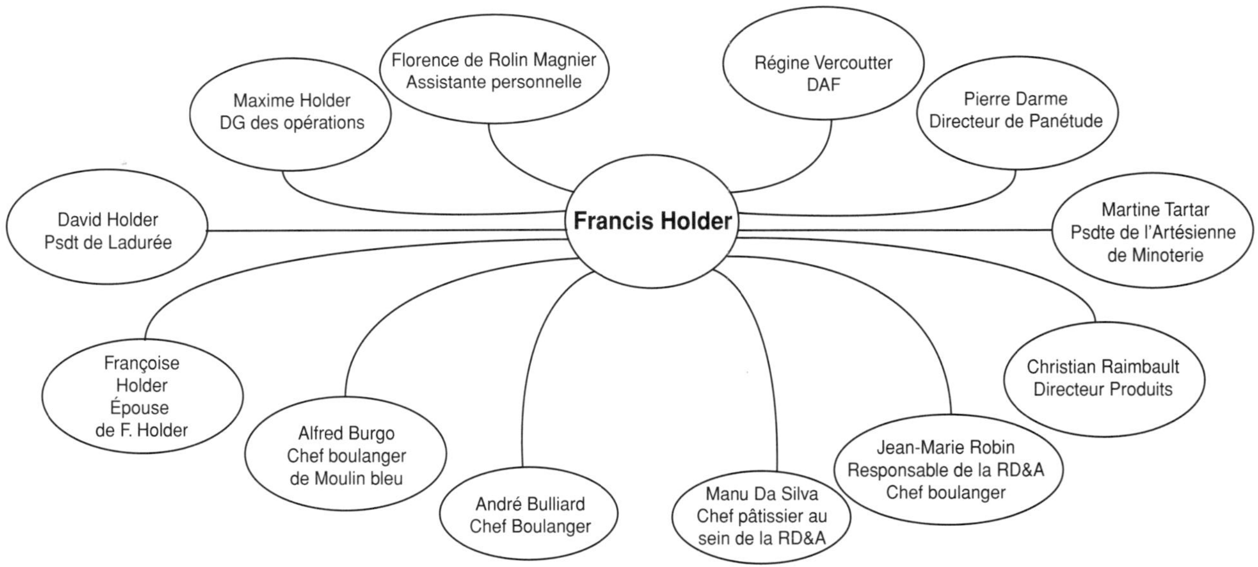

Chiffres-clés (2003)

5 millions de clients mensuels chez Paul

53 millions de pains vendus par an

Chiffre d'affaires consolidé : 216 millions d'euros

Répartition de l'activité du groupe Holder :

Paul	79.5 % du CA
Ladurée	10 % du CA
Moulin Bleu	8 % du CA hors ventes réseau
Saint Preux	2.5 % du CA

Effectif : 4 294 collaborateurs

Points de vente :

247 boutiques Paul en France (en propre + affiliés, franchises, Elior…)

34 à l'étranger

26 boutiques Saint Preux

4 boutiques Ladurée

048222-(I)-(2,5)-OSB 100°-NOC-MNL

STEDI, 1, boulevard Ney, 75018 Paris - Tél. : 01.40.38.65.40
Dépôt légal, Imprimeur, n° 8419
Dépôt légal : octobre 2004
Imprimé en France